만 3, 4, 5세 유아를 위한 수준별 주제 탐구활동

소리여행

유흥옥 저

양성원

머리말

'내가 지금 학급에서 진행하고 있는 생활주제의 주제 탐구는 과연 제대로 하고 있는 것인가?' 유아교육 현장 교사들에게 어려움 중의 하나는 국가수준의 교육과정 또는 보육과정을 그대로 전달하기보다는 시 · 도(지역)교육청 및 유아교육기관의 교육 철학 등을 반영하여 내가 맡은 학급 유아들의 발달 수준과 흥미를 고려하여 교육과정을 재구성해야 하는 입장이라는 점이다. 대학에서 배운 커리큘럼의 교과목(유아놀이지도, 유아언어교육, 유아문학교육, 유아과학교육, 유아음률교육, 유아미술교육 등)의 내용과 유치원 교육과정에 명시되어 있는 신체운동 · 건강, 의사소통, 사회관계, 예술경험, 자연탐구 등 5개 영역의 내용을 통합하여 재구성해야 한다. 그 뿐 아니라 상기 내용은 국가수준에서 제시하고 있는 생활주제(유치원과 친구, 우리 동네, 나와 가족, 건강과 안전, 생활도구, 동식물과 자연, 교통기관 등)와 재통합해야 하며 이를 구체화하기 위해서는 유아교육기관에서 이루어지는 하루의 일과 속에 자유선택활동과 대 · 소집단활동으로 다시 통합 · 재구성해야 하는 어려움에 직면하게 된다. 이와 같이 유아교사들은 학교에서 배운 교과목과 국가 수준의 교(보)육과정, 생활주제, 하루의 일과에서 사용하는 용어의 상이함 속에서 교사의 역량만으로 유아들과 함께 주제 탐구를 위한 교육과정을 만들어 가야 한다. 또한 국가에서 제시한 누리과정의 구성방향(2012)은 만 3~5세아의 발달 특성을 고려하여 연령별로 구성하도록 명시하고 있어 현장 교사에게 고도의 전문성을 요구하고 있다.

따라서 이 책에서는 현장 교사가 주제 탐구에 있어 연령별 활동의 난이도 수준을 어떻게 설정해야 하는지에 대한 구체적 사례를 소개하고자 한다. 소리라는 공통 주제를 '소리여행'이라는 책 속에 3세는 '재미있는 소리놀이', 4세는 '신나는 악기놀이', 5세는 '소리'라는 생활주제를 선정하여 연령에 따른 수준별 주제 탐구 사례를 소개함으로써 현장의 교사들에게 보다 구체적인 지침을 제공하고자 하는데 목적이 있다.

우선 이 책 '소리여행'은 연령별 소리 주제 탐구를 위하여 Sydney L. Schwartz · Sherry M. Copeland(2013, 박은혜, 신은수, 김희진, 이지현 공역)가 아래에 제시한 소리의 핵심 교과 내용과 수행 표준 및 행동 지표에 근거를 두고 유아의 연령별 발달 수준을 고려하여 주제 개념망 및 활동을 선정하였다.

〈소리〉

핵심 교과 내용	수행 표준	행동 지표
• 소리는 다양한 종류의 행동에서 일어나는 진동에 의해 발생한다. 소리는 근원지에서부터 이동을 시작한다.	• 소리는 다양한 사건에 의해 발생하고 다양한 거리에서 들을 수 있음을 이해한다.	• 물체를 치고 흔들고, 서로 문지르거나 입으로 불어 보는 등의 행동으로 소리를 내어보고 바꾸어 보는 실험을 하면서 그 차이에 대해 이야기한다. • 익숙하거나 익숙하지 않은 소리의 근원지를 찾아 본다.
• 소리는 크기, 높이(고저), 음질, 공명(삐걱거리는 소리, 긁는 소리) 등에 따라 다양하다.	• 소리의 크기, 높이, 음질, 공명에 따라 구분해 보고 어떤 물체가 그러한 소리를 내었는지 연결시킨다.	• 친숙한 소리를 구분한다. • 크기, 높이, 음질, 공명에 기반을 두어 익숙한 소리를 내는 물체를 인식한다.
• 소리 패턴은 음악과 언어에서 나타난다.	• 소리 패턴은 확인될 수 있고 음악과 언어 속에서 생성됨을 인식한다.	• 자발적으로 노래를 부르고, 챈트를 하며, 음악적 리듬과 운율 및 또 다른 구어 패턴들을 만들어 본다.
• 소리는 메아리처럼 표면에서부터 튀어 오른다.	• 메아리를 다른 근원지의 소리를 반복하는 소리로 인식한다.	• 메아리를 처음 울리는 실험을 한다.

우선, 교사는 연령에 적합한 주제 탐구를 위하여 생활주제에 따라 상위개념에서부터 하위개념을 검토하며 주제와 소주제를 선정하였으며 활동 내용은 유아들의 사전 경험과 지식 및 발달 수준 등을 고려하였다. 주제 탐구의 진행과정은 문제인식, 조사와 탐구, 견학과 체험, 표상과 놀이, 참여와 실천 등이 순환적으로 이루어졌으며 활동의 유형은 자유선택활동, 대 · 소집단활동, 현장체험학습, 전문가와의 만남 등으로 전개되었다. 유아들은 사전 개념 및 경험을 기초로 궁금한 질문들을 유아 스스로 선정하고 자신들에게 의미 있는 활동을 직접 고안하거나 체험하며 자신들만의 이론과 개념을 정립하며 문제해결 방법을 찾아내고 참여와 실천으로 확장해 가는 방법을 채택하였다. 이 과정에서 교사는 주제 탐구 활동의 방향과 목표를 명료화하며 유아 활동을 관찰 · 발문하고 필요한 자료나 매체, 새로운 정보 등을 제공하면서 유아들이 친구들과 협력하며 토의하고 표상활동을 통해 스스로 개념의 규칙을 찾아낼 수 있도록 도왔다.

이 책의 구성은 연령별 주제에 따라 연령의 발달적 특성, 주제의 발현, 주제 도입, 주제 전개, 주제 마무리의 순으로 구성되었으며 연령별 주제 앞머리에 주제의 발현에서부터 마무리되기까지의 개요를 소개하고 주제의 전개 과정을 쉽게 이해할 수 있도록 주제 탐구의 전 과정을 ppt로 구성하여 전개되어 간 순서대로 제시하였다.

연령의 발달적 특성은 만 3세, 4세, 5세 유아의 발달적 특성을 진술하였으며, 이는 주제 선정, 교수 학습 방법, 평가 등의 기초가 되는 주요한 기저가 되는 내용이다. 주제의 발현은 교사가 주제를 선정하게 된 배경이 되었으며 교사는 이를 바탕으로 주제 탐구를 위한 초기 주제 개념망을 계획하였다. 주제 탐구는 도입으로부터 시작이 되었고 본 활동에 해당되는 주제의 전개와 주제의 마무리, 주제의 평가를 거치며 주제 탐구는 종료되었다. 교사는 전 과정을 돌아보며 주제 전개 과정을 도입, 전개, 마무리를 그림으로 정리하였으며 주제 전개 과정에서 초기 계획에는 없었지만 유아들과 활동 중 추가 · 확장된 활동이나 초기 계획에는 있었지만 실시하지 못하였거나 수정된 부분 등을 중심으로 실행된 주제 개념망을 다시 재구성하였다. 마지막으로 교사는 평가를 통해 주제 탐구를 종료하면서 주제 전개 과정 중에 유아들에게 나타났거나 변화된 특징을 정리하며 마무리하였다.

이 책은 현장교사들에게 내용을 보다 용이하게 전달하고자 활동목표와 활동자료, 활동방법 등 해설 위주의 설명문은 생략하고 사진 및 활동자료를 통해 주제 탐구 활동의 취지를 전달하고자 노력하였다. 그동안 유아교사를 위한 연령별 활동 자료집이 많이 출간되었다. 그러나 연령별 활동의 주제가 각기 달라 현장의 교사들에게 연령별 수준을 변별하는 정보를 제공하는 데는 한계가 있었다고 본다. 따라서 이 책은 '소리'라는 하나의 테마를 중심으로 연령에 따라 주제에 대한 개념과 활동이 어떠한 차이를 가져야 하는지에 대해 보여주고자 하였다. 소개된 많은 활동들은 각 활동들의 목표, 자료, 방법 등을 자세히 설명하는데 많은 지면을 할애하기보다는 제시된 활동이 전체적 맥락의 흐름 속에서 의미를 찾아가는데 초점을 두고 구성하였다.

그러나 이 책은 애초에 출판 계획에 의해 준비된 활동이 아니라는 점으로 인해 내용면에서 아쉬운 점이나 제한된 지면으로 실제 현장에서 실행된 모든 활동을 모두 소개할 수 없었던 점, 그리고 게재된 사진과 활동자료 등의 일부가 선명하지 않아 읽는 이가 이해하는 데 한계를 가질 수 있다는 점에서 책을 보는 많은 선생님들께 양해를 구하는 바이다. 이해가 보다 필요한 곳에는 보충 설명을 첨가하거나 참고사항을 통해 보완하였다. 이 책은 제주국제대학교 부속유치원 교사들이 그동안 유아들과 학기 중 학급에서 다양하게 수행한 주제 탐구 과제 중의 하나로써 현장에서 연령별 수준의 난이도 조절에 실패하거나 어려워하는 교사들을 위해 미흡하나마 하나의 사례로써 한데 집약하게 되었음을 알린다. 이 책이 나오기까지 유치원에서 현장에 대한 고민을 함께 나누며 연구에 매진해 준 고지현, 장봉춘, 현진희, 선미현, 김승미, 오진미, 윤수미, 고은영 등 전·현직 선생님들께 애정을 담은 고마운 마음을 전하며 언제나 곁을 지키며 든든한 학문적 벗이 되어 준 김은정 교수님께도 감사의 말씀을 드린다.

2017. 2.

제주국제대학교 부속유치원장 **유흥옥**

차례

PART 1 만 3세 주제 탐구

재미있는 소리놀이

PART 2 만 4세 주제 탐구

신나는 악기놀이

PART 3 만 5세 주제 탐구

소 리

PART 1

만 3세 주제 탐구

재미있는 소리놀이

Chapter 1

재미있는 소리놀이

주제 탐구의 개요

만 3세아는 스스로 먹기, 옷 입기, 화장실 사용하기 등 신체적 기본조절능력과 일상생활 기본 기술이 습득되는 시기이다. 신체적 건강과 운동 기술이 향상되면서 행동반경이 넓어져 주변 세계의 사물이나 현상에 대한 호기심이 증대되며 단순하고 구체적이며 감각적인 사고를 한다. 흥미 있는 물체를 지속적으로 관찰하거나 과제를 수행할 수 있는 능력이 있어 여러 사물의 속성을 발견하는 것이 가능하며 발달적인 개인차가 강하게 나타나므로 유아의 일반적인 발달 특성과 개별성을 고려해야 한다.

이러한 3세아의 발달적 특성을 고려하여 진행된 재미있는 소리놀이의 전개과정 및 내용은 다음과 같다.

1. 주제 선정 및 주제 개념망 구성

주제의 발현

- 아침의 책 : 리듬그림책을 들어요!

본 유치원에서는 유아들이 책에 관심을 가지고 바른 책 읽기 습관을 기르도록 연령별로 차이를 두어 등원 후 약 20분간 '아침의 책' 시간을 운영하고 있다. 3세아의 경우, 언어적인 발달 수준을 고려하여 교사가 리듬그림책을 함께 보며 CD를 들려주었다. 이 리듬그림책은 의성어와 의태어를 이용해 주변에서 들리는 다양한 소리와 모습을 표현한 책으로써 유아들은 이 시간을 통해서 주변에서 나는 여러 소리를 의성어의 형태로 들으며 소리에 대한 리듬감을 익히고 일상생활 속에서 표현하는 기회를 계속해서 가질 수 있었다.

• 전이 : 나는 누구일까요?

학기 초 음률영역의 악기를 소개하는 방법으로 전이시간을 이용하여 수수께끼 형태로 악기를 하나씩 소개하였더니 악기의 다양한 소리와 모양에 관심를 가지게 되었다.

• 자연을 찾아 : 자연의 소리에 귀를 기울여요!

본 유치원의 자연친화 프로그램의 실천적 일환으로 유아들은 지속적인 산책활동을 통해 다양한 자연의 소리를 접할 기회가 비교적 자주 있었다. 한편 유아들은 유치원 동물장에서 기르는 여러 동물의 소리에 흥미를 보이기도 하였다.

'소리'는 귀에 들리는 모든 것으로써 우리의 몸에서, 악기를 통해서, 교실 안에서, 놀이터에서, 또한 우리 주변의 여러 사물과 동물들을 통해 언제라도 어떤 장소에 있든지 접할 수 있다.

이에 따라 교사는 '재미있는 소리놀이'라는 주제를 선정하게 되었고 주제가 선정된 후 3세 유아들이 다룰 수 있는 소리와 관련된 개념을 중심으로 〈우리 주변에서 여러 가지 소리를 들을 수 있다〉, 〈소리에는 크기와 빠르기가 있다〉, 〈여러 가지 사물이나 동물은 독특한 소리가 있다〉 등의 하위 개념을 선정하게 되었다. 교사에 의해 계획된 재미있는 소리놀이 주제 개념망은 [그림 1-1]과 같다.

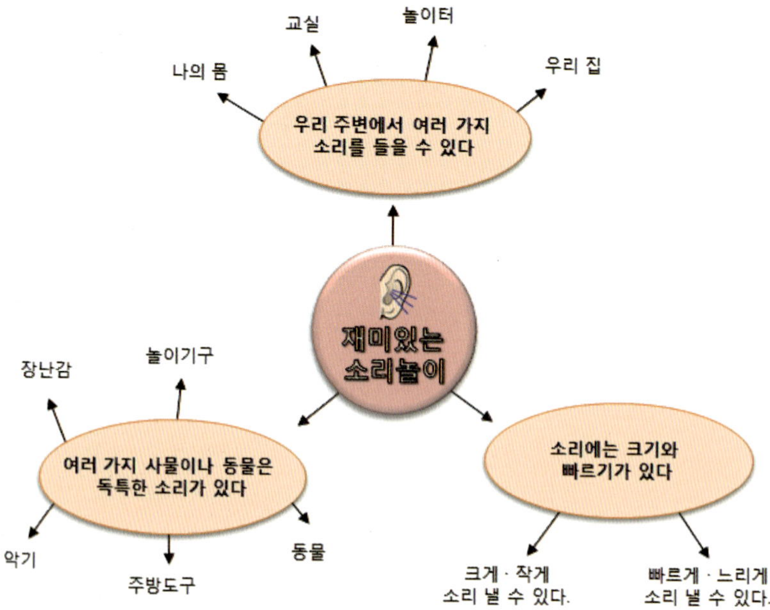

[그림 1-1] 교사에 의해 계획된 재미있는 소리놀이 주제 개념망

2. 재미있는 소리놀이 주제 전개 과정

재미있는 소리놀이의 주제 탐구는 앞서 제시된 [그림 1-1] 교사에 의해 계획된 주제 개념망을 중심으로 도입, 전개, 마무리의 과정을 거치면서 전개되었다.

주제의 도입

<몸에서 나는 소리 탐색하기>

- 우리 몸에서 소리가 나!

우리 몸에서 나는 소리를 탐색하는 것으로 소리놀이가 시작되었다. '딸국질'에 관한 리듬그림책을 함께 감상한 후 유아들은 우리 몸에서 나는 소리에 관심을 가지기 시작했다. 유아들과 함께 우리 몸에서는 어떤 소리가 나는지 함께 알아보고 우리 몸으로 다양하게 소리 낼 수 있는 방법(손뼉치기, 발구르기, 혀와 입술로 소리내기, 바닥치기, 무릎치기, 주먹으로 손바닥치기 등)을 찾아본 후 직접 소리 내 보는 시간을 가졌다.

주제의 전개

<우리 주변에서 나는 소리 찾아보기>

- 놀이터에서 내가 찾은 소리야!

교사는 바깥놀이터에서 놀이하던 유아들과 소집단으로 놀이터에서 나는 소리를 탐색하였다. 유아들은 교사와의 탐색이 끝난 후에도 자발적으로 자신들이 찾은 소리를 교사에게 와서 이야기하며 소리에 대한 관심의 범위를 넓혀나갔다.

- 교실에서 나는 소리 찾기 : 우리 교실에서는 이런 소리가 나!

바깥놀이 시간마다 놀이터에서 들리는 여러 소리를 탐색하던 유아들은 놀이시간에 교실에서 나는 소리에 관심을 가지기 시작하였고 놀이를 하는 중간 중간에 자신이 발견한 소리를 교사에게 적극적으로 이야기 하는 등 유아들의 소리 찾기는 계속해서 이어졌다. 이어서 교사는 놀잇감을 가지고 놀이하는 여러 상황에서 들을 수 있는 소리가 의성어의 형태로 표현된 리듬그림책을 들려주었다.

- 동물들은 이렇게 소리 내!

교실에서 나는 여러 소리를 탐색하던 중 교실 밖 동물장에서 들려오는 동물의 소리에 관심을 보이기 시작하여 교사는 유아들과 함께 바깥놀이 시간마다 동물장으로 가서 새와 닭 등의 소리를 들었고 이외에 유아들이 관심을 갖는 다른 동물들의 소리를 더 탐색해 보기 위해 동물원 현장학습을 계획하였다. 동물원에서 여러 동물의 소리를 들어보고 흉내 내어 보았으며 교실에 돌아와서는 자신의 몸을 동물 모습으로 꾸미고 동물의 소리를 표현해 보았다. 교사는 유아들이 흥미를 갖고 동물의 소리를 탐색할 수 있도록 동물 의상을 내어주었다. 또한 수수께끼를 통해 동물의 소리(녹음 자료 이용)를 듣고 알아맞힌 후 동물의 소리를 직접 흉내내 보도록 하였으며 동물들이 등장하여 동물의 소리를 직접 몸과 목소리를 이용해서 표현해 볼 수 있는 동극 등을 진행하며 여러 동물의 소리를 탐색하는 시간을 가졌다.

- 주방에서는 이런 소리가 나!

이어서 주방에서 들을 수 있는 여러 소리에 대해 이야기를 나누고 유아들과 함께 유치원의 주방을 방문하여 주방도구의 소리를 탐색하는 시간을 가진 후 주방도구에서 나는 소리를 의성어로 표현하는 시간을 가졌다. 또한 음식을 조리할 때 나는 소리는 주방도구가 내는 소리와 차이가 있음을 발견하였다.

<듣기 좋은 소리와 듣기 싫은 소리>

- 듣기 좋은 소리와 듣기 싫은 소리가 있어요!

유아들은 친구들과 함께 악기놀이를 하는 가운데 각각의 악기가 내는 소리의 크고 작음, 높고 낮음, 굵고 가늠 등을 구분하여 악기를 연주할 수 있었고 여러 악기를 함께 연주하는 과정에서 유아들은 마구 두드리면 듣기 싫은 소리가 난다는 것을 인식하고 초기 계획에 없었던〈듣기 좋은 소리와 듣기 싫은 소리가 있어요!〉 활동이 추가되었다. 이들은 학급에서 소음을 줄이면서 점차 듣기 좋은 소리를 만들어 나갔다. 뿐만 아니라 생활 속에서 유아들의 다양한 활동을 통해 듣기 좋은 소리에는 어떤 소리가 있는지(엄마 목소리, 선생님의 노랫소리, 친구 목소리, 음악 소리 등), 듣기 싫은 소리(너무 큰 악기 소리, 공사장에서 나는 기계 소리, 야단맞는 소리 등)에는 어떤 것들이 있는지 탐색할 기회를 가졌다. 마침 당시에 학급에 오랫동안 유치원에 나오지 못하는 친구를 위해 자신들의 목소리를 저장하여 친구에게 응원메세지를 보내고 답장을 받으면서 '소리의 저장'에 흥미와 관심이 고조되었다. 유아의 이러한 흥미의 지속은 결국 우리반의 홍보 영상자료인 메시지송을 만들기에 이르렀고 부모님들과 교류하면서 가정연계활동으로 확장되었다.

<소리 탐색하기>

- 악기와의 만남

음률영역에서 유아들은 여러 악기를 소리 내어보고 들어보는 등 여러 악기의 소리에 관심을 보였다. 교사는 유아들과 함께 소리를 내는 다양한 방법을 찾아보는 등 교실의 리듬악기를 개별적으로 충분히 탐색할 시간을 제공하였다.

- 내가 만든 악기야!

교사는 악기의 소리를 탐색하는 과정에서 유아들과 직접 악기를 만들어 보는 활동을 계획하였다. 다양한 재질의 통에 여러 종류의 재료를 넣어 흔들어 소리 내는 마라카스와 방울, 소리 나는 재료를 매달아 부딪치며 소리 내는 캐스터네츠를 만들며 소리의 차이를 발견하였다. 또한 자신이 만든 악기를 연주하며 노래 부르는 시간을 가졌다.

- 소리가 같아요!

이와 함께 탐색영역에서는 악기 만들기 활동과 동시에 여러 재료가 담겨 있는 통을 흔들어 보고 같은 재료가 담겨 있는 통을 찾는 활동을 하면서 소리를 주의 깊게 들어보고 같고 다름을 구별하는 시간을 가졌다.

- 누구의 소리일까?

주변에 있는 여러 물건의 소리를 보다 주의 깊게 들어볼 수 있도록 소리를 듣고 알아맞히는 활동을 이어서 진행하였다.

<소리의 크기와 빠르기 느끼기>

- 크게, 작게, 빠르게, 느리게...

악기에 관한 관심이 계속 지속되자 교사는 악기를 이용하여 소리의 크기와 빠르기를 인식할 수 있도록 하기 위해 리듬 막대를 이용하여 카드의 숫자만큼 크고, 작게 연주해 보고 한 박자, 두 박자, 세 박자에 맞추어 걸어 보는 활동을 진행하였다.

※ 숫자카드는 숫자카드를 이용해서 크게, 작게, 빠르게, 느리게 신체를 표현할 수 있다.
- 카드의 숫자가 1인 경우 한 박자로 걷거나 연주하고(하나 하나 하나 하나)
- 카드의 숫자가 2인 경우 두 박자에 맞추어 천천히 걷거나 연주하고(하나둘, 하나둘)
- 카드의 숫자가 4인 경우 4박자에 맞추어 느리게 걷거나 연주하기(하나둘셋넷)

<소리의 고저>

- 높은 소리, 낮은 소리가 있어요!

'발가락은 도도도, 무릎은 레레레, 엉덩이는 미미미…'의 신체음계놀이를 통해 유아들과 음이 점점 높아지고 점점 낮아지면서 소리에 차이가 있음을 느껴보는 시간을 가졌다.

<악기합주 놀이>

- 친구들과 함께 아름다운 소리를 만들 수 있어요!

점차적으로 더 많은 유아들이 악기연주에 흥미를 보여 교사는 다 함께 합주를 하는 기회를 가질 수 있도록 합주 놀이를 제안하였다. 악기 합주를 위해 함께 배웠던 노래(리듬악기 노래 등)를 CD로 들려주어 연주해 보거나 다양한 악기 소리를 표현하는 의성어가 나오고 점차적으로 악기들이 많이 등장하면서 합주의 형태가 되는 내용의 리듬그림책을 들려주어 다른 유아들과 함께 합주하는 기회를 가졌다. 교사는 유아들의 악기합주 놀이를 보다 확장시키기 위해 분장영역도 함께 구성해 주었고 분장을 통해 흥미가 고조되었다.

주제의 마무리

• 음악극 '주방음악회' 에 초대합니다!

교사는 이전 활동인 악기합주 놀이의 후속활동으로 동화 '주방음악회'에 유아들에게 익숙한 음을 넣어 음악극 활동으로 주제를 마무리 하였다. 주인공으로 나오는 컵, 수저, 쟁반, 칼, 도마, 냄비, 가스렌지 등의 주방도구들이 저마다 자신이 하는 일을 자랑하는 내용의 동화이다. 동화를 감상한 후 유아들과 동화에는 어떤 주인공들이 등장하는지 이야기를 나누고 그 주인공들은 어떤 순서로 등장하는지 알아보았다. 이어서 동화의 주인공들이 어떤 대사를 하는지 알아보고 동극이 진행 시, 적절한 목소리로 잘 표현하도록 돕기 위해 모두 함께 소리 내어 대사를 말해 보는 시간을 가졌다. 그 후 컵, 수저, 쟁반, 칼, 도마, 냄비, 가스렌지 등 주인공들이 재미있는 소리와 몸짓으로 등장하도록 하기 위해 각 도구들이 내는 소리를 함께 탐색하고 어떠한 소리와 몸짓으로 표현할지 의논하였다. 극화로 표현하는 과정에서 유아들은 이야기 순서, 자신의 대사, 동작 등을 잊어버리거나 순서 지키기, 목소리의 조절 및 유창성 등이 미숙하므로 원활한 진행을 위하여 교사는 그때그때 적절한 단서와 발문 등을 하여 극화의 진행을 도왔다. 처음엔 컵 역할을 맡은 유아들은 '통통통 통통', 수저는 '팅팅팅 팅팅', 쟁반은 '쨍그랑 쨍쨍', 칼 · 도마는 '콩콩콩 콩콩', 냄비는 '덜썩 덜썩', 가스렌지는 '파르륵 슈욱'으로 음을 넣지 않고 표현하도록 하였고, 다음 단계에서 극의 흥을 돕기 위해 전체 대사에 유아에게 익숙한 음을 붙여주고 음과 몸짓, 대사 등으로 표현하는 음악극 형식으로 진행하였다. 이상에서 제시한 재미있는 소리놀이 주제 전개 과정의 흐름은 다음의 [그림 1-2]와 같다.

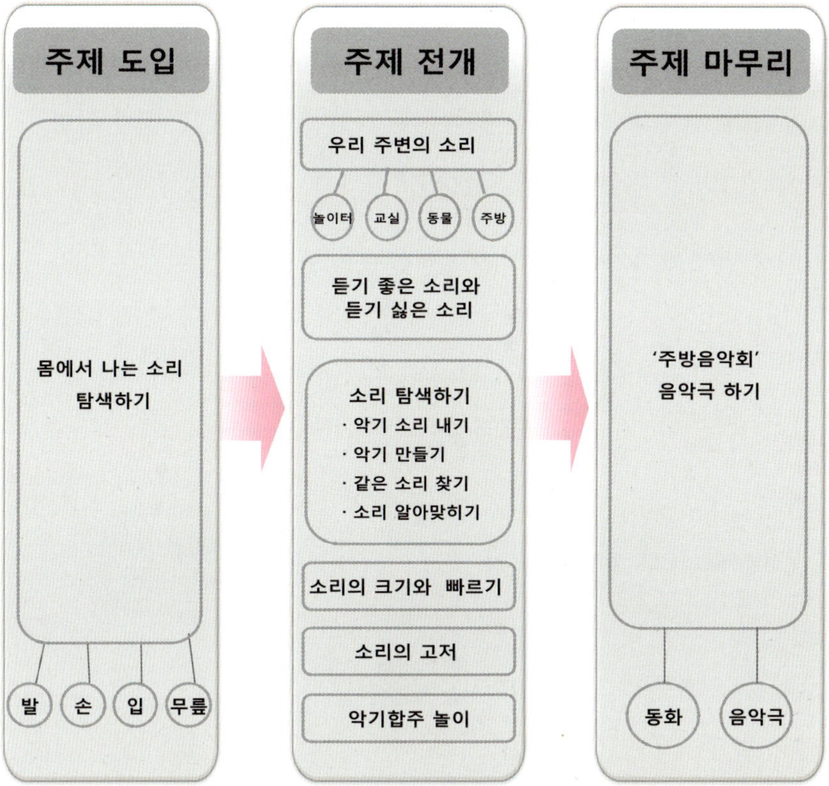

[그림 1-2] 재미있는 소리놀이 주제 전개 과정

3. 주제 전개 과정에서 실행된 주제 개념망

주제가 진행되어 가는 과정에서 교사에 의해 계획된 주제 개념망의 내용 중 일부는 수정되었거나 확장 · 심화되었다. 〈소리에는 고저가 있다〉의 낮은음, 높은음, 〈듣기 좋은 소리와 듣기 싫은 소리가 있다〉의 듣기 좋은 소리, 듣기 나쁜 소리, 소리의 저장 등의 개념은 추가 · 확장되었다. 주제 탐구 과정은 교사 계획과 순서에 의해 이루어지기보다는 유아의 관심에 따라 문제인식, 조사와 탐구, 현장 학습과 체험, 표상과 놀이, 참여와 실천 등이 순환적으로 이루어졌다. 재미있는 소리놀이 주제 전개 과정에서 실행된 주제 개념망은 [그림 1-3]과 같다. 적색의 밑줄 그은 이탤릭체 표기는 주제 전개 과정에서 추가 확장된 내용이다.

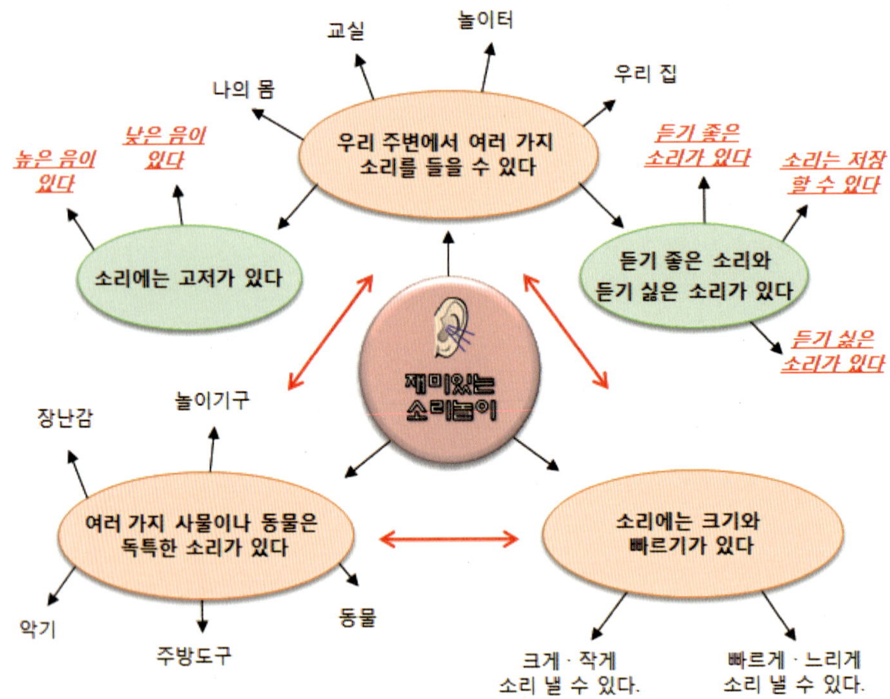

[그림 1-3] 재미있는 소리놀이 주제 전개 과정에서 실행된 주제 개념망

4. 재미있는 소리놀이 주제 전개의 특징

만 3세반의 재미있는 소리놀이 주제 전개 과정에서 나타난 특징은 다음과 같다.

첫째, 리듬그림책을 이용해서 말소리와 주변소리에 대한 리듬감을 익히고 의성어의 형태로 표상하는 경험을 제공하였다.

둘째, 3세 유아를 위한 소리에 대한 탐색은 우리 주변 생활 속에서 발견하기 쉬운 소리와 유아들이 직접적으로 조작할 수 있는 일상생활 도구의 소리 탐색이 시작점이 되어 비교적 소리의 차이를 변별하기 쉬운 악기 소리 탐색으로 점차 확장되어 갔다.

셋째, 3세 유아의 발달적 특성을 고려하여 소리 활동 시 탐색시간을 충분히 제공하여 유아 스스로 발견하도록 하는 한편, 교사는 유아가 소리의 세부적 차이를 인식할 수 있도록 관찰과 발문 등 안내와 촉진자의 역할을 수행하였다.

넷째, 유아가 다양한 감각을 이용하여 주변의 소리를 탐색하는 동안 교사는 유아와의 충분한 상호작용을 위하여 가능한 두 명의 교사가 1/2집단(중 · 소집단)으로 수업을 진행하였다.

다섯째, 주제의 마무리에 음악극을 선정함으로써 그동안 재미있는 소리놀이주제에서 탐색해 왔던 소리에 대한 개념을 진정한 재미있는 소리놀이 개념으로 통합하며 주제를 마칠 수 있었다.

Chapter 2

재미있는 소리놀이

주제 탐구의 실제

만 3세 유아의 발달적 특성

첫째	• 만 3세 유아는 스스로 먹기, 옷 입기, 화장실 사용하기 등 신체적 기본 조절능력과 일상생활 기본 기술이 습득되는 시기임
둘째	• 신체적 건강과 운동 기술이 향상되면서 행동반경이 넓어져 주변의 세계(사물이나 현상)에 대한 호기심이 증대하게 됨
셋째	• 단순하고 구체적이며 감각적인 사고를 함
넷째	• 흥미있는 물체를 지속적으로 관찰하거나 과제를 수행할 수 있는 능력이 있어 여러 사물의 속성을 발견하는 것이 가능함
다섯째	• 발달적인 개인차가 강하게 나타나므로 유아의 일반적인 발달 특성과 개별성을 고려해야 함

주제의 발현

아침의 책

'리듬그림책을 들어요!'

의성어나 의태어를 이용해
주변에서 들리는 다양한 소리와
모습을 표현한 그림책을 등원 시마다 들음

전이

'나는 누구일까요?'

학기 초 전이시간을
이용해서 수수께끼 형식으로
음률영역의 악기를
소개하는 방법으로 소개함

자연을 찾아

'자연의 소리에 귀를 기울여요!'

지속적인 산책활동을 통해
자연의 소리에 귀를
기울여 보는 활동을 진행함

- 유아들은 매일 아침 유치원에 등원하면서 갖게 되는 '아침의 책' 시간에 선생님이 들려주는 리듬그림책을 감상하고 틈틈이 자연을 찾아 산책하는 활동에서 만나는 자연의 소리, 그리고 유치원에서 만난 악기 소리 등을 통하여 '소리'에 대해 관심을 갖게 되었음

※ 이러한 유아들의 관심을 반영하여 교사는 3세 수준을 고려하여 '재미있는 소리놀이'를 새로운 주제로 도입하게 되었다.

주제의 선정

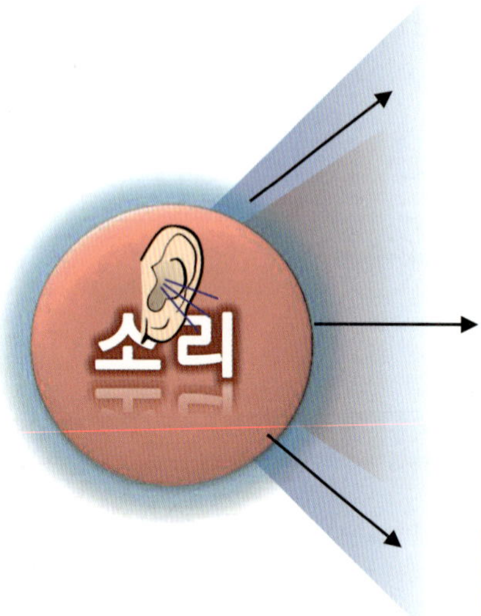

- 귀에 들리는 모든 것...

- 몸에서, 악기를 통해서, 교실 안에서, 놀이터에서, 주변 동물소리를 통해서...

- 언제, 어떤 장소에 있든지 접할 수 있는 것...

※ '소리'는 귀에 들리는 모든 것으로써 우리는 소리를 몸에서, 악기를 통해서, 교실 안에서, 놀이터에서, 또한 우리 주변의 여러 사물과 동물들을 통해 언제라도 어떤 장소에 있든지 접할 수 있다.

교사가 계획한 주제 개념망

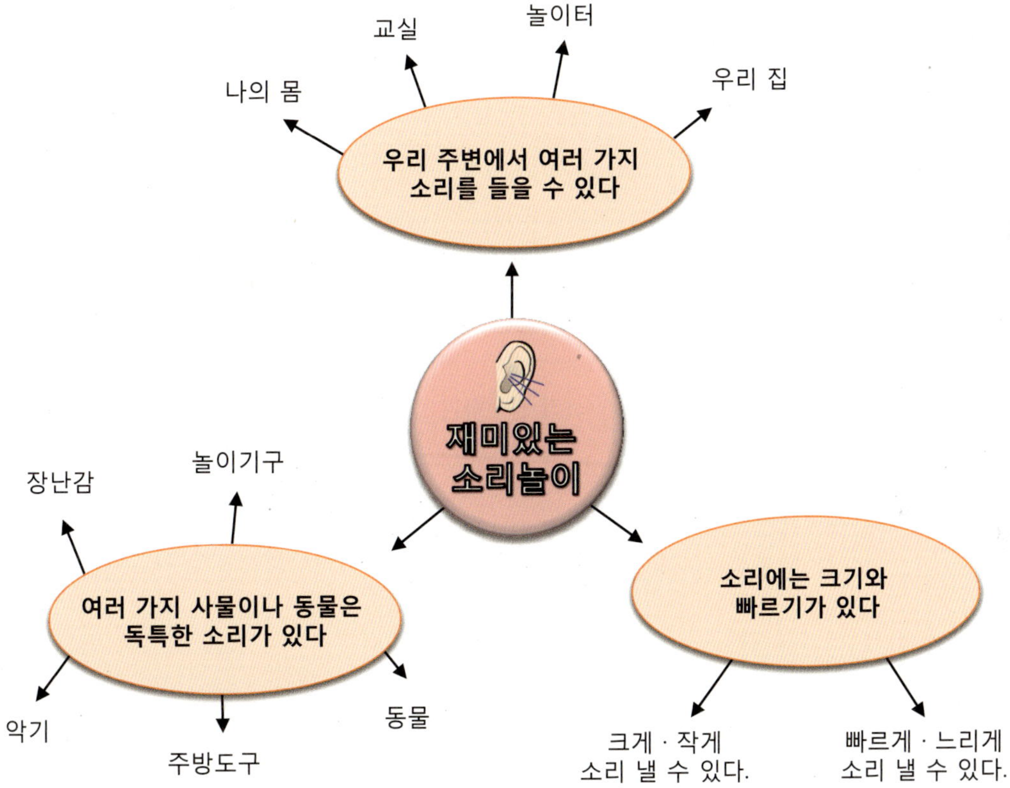

주제 전개 과정

주제 도입

몸에서 나는 소리 탐색하기

- 발
- 손
- 입
- 무릎

주제 전개

우리 주변의 소리

- 놀이터
- 교실
- 동물
- 주방

듣기 좋은 소리와 듣기 싫은 소리

소리 탐색하기
- 악기 소리 내기
- 악기 만들기
- 같은 소리 찾기
- 소리 알아맞히기

소리의 크기와 빠르기

소리의 고저

악기합주 놀이

주제 마무리

'주방음악회' 음악극 하기

- 동화
- 음악극

몸에서 나는 소리 탐색

주제 도입

몸에서 나는 소리 탐색하기

발 / 손 / 입 / 무릎

나의 몸에서 나는 소리

- 우리 몸에서는 어떤 소리가 날까?
- 유아들은 등원 후 매일 아침 '아침의 책' 시간을 통해 교사가 들려주는 의성어와 의태어가 많이 나오는 리듬그림책을 들으며 소리에 대해 즐거운 흥미를 보이기 시작함
- 유아들의 경험을 기초로 우리 몸에서 나는 소리를 탐색하는 것으로부터 '소리 놀이'가 시작됨

- 딸꾹질에 관한 '리듬그림책'을 함께 감상 후 유아들은 자신의 몸에서 나는 소리에 관심을 가지기 시작함

↓

- 유아들과 함께 우리 몸에서는 어떤 소리가 나는지 함께 알아보고 우리 몸으로 다양하게 소리 낼 수 있는 방법(손뼉치기, 발 구르기, 혀로 소리내기, 바닥치기, 무릎치기, 주먹으로 손바닥 치기 등)을 찾아본 후 직접 소리 내보는 시간을 가짐

※ '아침의 책'은 본 유치원에서 유아들의 등원시간이 개인적으로 차이가 나는 틈새 시간을 이용하여 전체 유아들이 다 함께 등원할 때까지 친구들을 기다리며 유아 스스로 선택한 책을 개별적으로 읽는 시간이다.

※ 만 4, 5세 학급에서는 이상과 같은 형태로 이루어지며 만 3세 유아인 경우 성인의 도움이 많이 필요한 활동이므로 교사가 집단 활동으로 리듬그림책을 선정하여 읽어 주고 있다.

몸에서 나는 소리 탐색

주제 도입

몸에서 나는 소리 탐색하기

발 손 입 무릎

나의 몸에서 나는 소리

• '아침의 책' 시간에 동물들의 행동을 묘사한 리듬그림책을 감상하기

'딸꾹 딸꾹 뚝!' 리듬그림책 감상

- 수달이 물장구를 치다가 갑자기 딸꾹질을 시작
- 동물들이 수달에게 딸꾹질을 멎게 하는 갖가지 방법을 시범 보임
- 하지만 수달의 딸꾹질은 멈추지 않음
- 결국 오리가 수달에게 소리를 "꽥" 지르자 수달은 깜짝 놀라 딸꾹질을 멈춤
- 동물들은 너무 기뻐 헹가래를 쳐주는데 그만 수달이 물에 풍덩 빠짐
- 그리고는 또 다시 딸꾹질을 시작함

※ 수달의 딸꾹질 소리와 딸꾹질을 멎게 하려는 동물들의 행동을 묘사한 소리를 유아들과 서로 주고받기 형식으로 진행할 수 있다.

※ 정보 : 리듬그림책 재미모리 동동'딸꾹 딸꾹 뚝!' 글 김향금/ 그림 강은미. 한솔교육출판.

- 우리말의 리듬이 잘 살아있고 의성어와 의태어로 구성되어 있어 3세 수준에 적합하다.

몸에서 나는 소리 탐색

주제 도입

몸에서 나는 소리 탐색하기

발 | 손 | 입 | 무릎

유아들과 함께 감상한 리듬그림책

리듬그림책 세트 표지

※ 리듬그림책의 구성

- 둥가둥가 둥둥둥: 주변 악기의 소리
- 실이 소리 솔솔: 실이 풀리는 모습
- 악악 악어다: 뛰어 달아날 때 나는 소리와 모습
- 엉터리 방터리: 놀잇감을 가지고 놀 때 나는 소리
- 바람이 휘익휘익: 바람소리와 동물들이 내는 소리
- 꼬륵꼬륵 꼬르륵: 배가 고플 때 나는 소리
- 누굴까 누구?: 비가 내릴 때 나는 소리
- 쇠똥이 동글동글: 쇠똥구리가 쇠똥을 굴리는 모습
- 씽씽 쌩쌩: 눈을 밟는 소리와 썰매를 끄는 모습
- 딸꾹딸꾹 뚝: 딸꾹질 할 때 나는 소리

※ 수업에 활용한 리듬그림책은 악기 소리, 자연의 소리, 놀이 할 때 나는 소리, 동물들의 발자국 소리 등의 내용이 포함되어 있다.

몸에서 나는 소리 탐색

주제 도입

몸에서 나는 소리 탐색하기

발 / 손 / 입 / 무릎

이야기 나누기 : 우리 몸에서 소리가 나!

- 리듬그림책 '딸꾹 딸꾹 뚝!'과 '꼬륵 꼬륵 꼬르륵'을 감상하고 우리 몸에서는 어떤 소리가 나는지 이야기 나누기

"우리 몸에서 낼 수 있는 소리를 찾아볼까?"
"방귀 소리를 들어보았니? 어떤 소리가 났니?"
"다른 말로 표현할 수 있니?"
"손으로 낼 수 있는 소리는 무엇이 있을까?"
"발로 소리를 낼 수 있는 방법은 몇 가지일까?"
"손과 발이 함께 소리를 낸다면 어떤 소리가 날까?"
"입으로 소리를 낼 수 있는 방법을 찾아 볼까?"
"입술(혀, 이, 목구멍 등)로 어떻게 소리를 낼 수 있을까?"
"손과 발, 입과 무릎으로 함께 소리를 내보자."

우리 몸에서 나는 소리 이야기 나누기

몸에서 나는 소리 탐색

주제 도입

몸에서 나는 소리 탐색하기

- 발
- 손
- 입
- 무릎

나의 몸으로 소리 내어 보아요!

• 몸에서 나는 소리 탐색 후 몸으로 소리 낼 수 있는 방법을 찾아보고 직접 손뼉치기, 발 구르기, 무릎치기, 입술, 혀 등으로 소리내기

몸으로 소리 내 보아요!

발로 나처럼 '쿵쿵쿵쿵, 쾅쾅쾅~'
무릎으로 이렇게 '탁탁~ 탁탁탁'
손바닥으로 나처럼 '짜악~ 짝짝짝'
팔꿈치로 이렇게 '툭툭, 툭툭,툭툭~'
나처럼 이렇게 소리 내 보아요!
소리 나는 나의 몸
재미있는 소리놀이

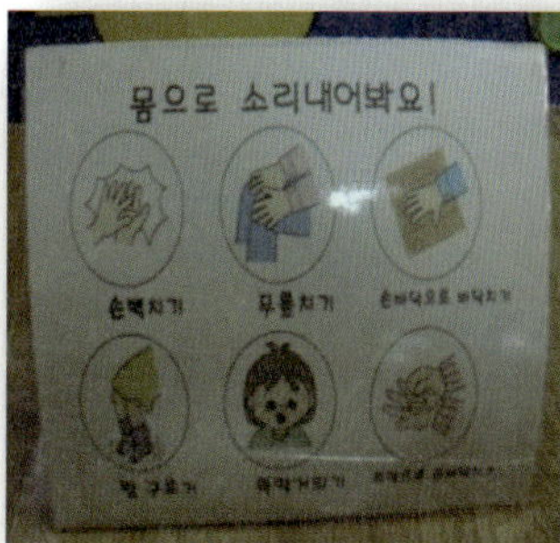

발, 무릎, 손바닥, 팔꿈치로 소리 내 보아요!

몸에서 나는 소리 탐색

주제 도입

몸에서 나는 소리 탐색하기

발 · 손 · 입 · 무릎

몸에서 나는 소리 패턴놀이: 다음에는 무엇이 올까?

<손과 발로 소리 내는 패턴놀이>

• 친구들과 함께 손뼉치기, 발구르기를 다양한 패턴으로 소리 내기 (손뼉-발-손뼉-발... / 손뼉-손뼉-발-발..../ 등)

"손뼉 다음에 어떤 소리가 오면 좋을까?"
"발, 발, 손뼉 그 다음 무엇이 와야 할까?"
"재미있는 방법으로 소리 내려면 어떻게 하면 될까?"

※ 자유선택활동 영역에 다양한 방법의 신체 패턴 카드를 준비한다.

※ 이때 손, 발 이외에 입의 혀, 입술, 이, 무릎, 팔꿈치 등으로 소리를 내거나 한번에 신체의 두 세 부분을 통합하여 소리 내 보기로 확장할 수 있다.

몸에서 나는 소리 탐색

주제 도입

몸에서 나는 소리 탐색하기

발 | 손 | 입 | 무릎

몸에서 나는 소리 패턴놀이: 다음에는 무엇이 올까?

<손과 입으로 소리 내는 패턴놀이>

- 친구들과 함께 입과 손뼉을 이용해 다양한 패턴으로 소리 내기
- '개굴'은 입으로 '짝'은 손뼉으로 내는 소리 패턴 놀이

"개굴은 무엇으로 소리를 내야 할까?"
"짝은 무엇으로 소리를 내야 할까?"
"개굴 개굴 다음은 무엇이 올까?"
"개굴 짝 개굴 짝 다음은 무엇이 올까?"
"개굴 개굴 말소리 말고 입으로 다른 소리도 낼 수 있을까?"

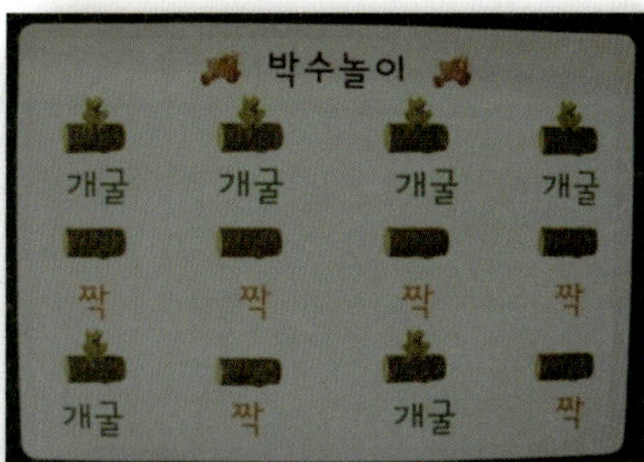

※ 자유선택활동 영역에 다양한 방법의 신체 패턴 카드를 준비한다.

※ 이때 손, 입의 혀와 입술 이외에 한 번에 신체의 두세 부분을 통합하여 소리 내 보기로 확장할 수 있다.

몸에서 나는 소리 탐색

주제 도입

몸에서 나는 소리 탐색하기

발 손 입 무릎

동시 감상 : '재미있는 혀 소리'

- 주변에서 나는 소리를 나타낸 동시를 유아들이 직접 혀로 소리 내며 감상함

"우리 주변에서 어떤 소리들을 들을 수 있을까?"
"시계 소리는 어떻게 표현하면 좋을까?"
"따릉 따릉 소리를 낼 때 입 속에서 무엇을 움직여 소리를 내니?"
"재미있는 동시를 낭송하려면 어떤 소리를 길게 내고 어떤 소리를 짧게 내 볼까?"
"소리를 길게, 또는 짧게 내보니 어떤 느낌이 나니?"
"소리를 길고 짧게 내 보니 마치 노래를 하는 것 같이 들리니?"

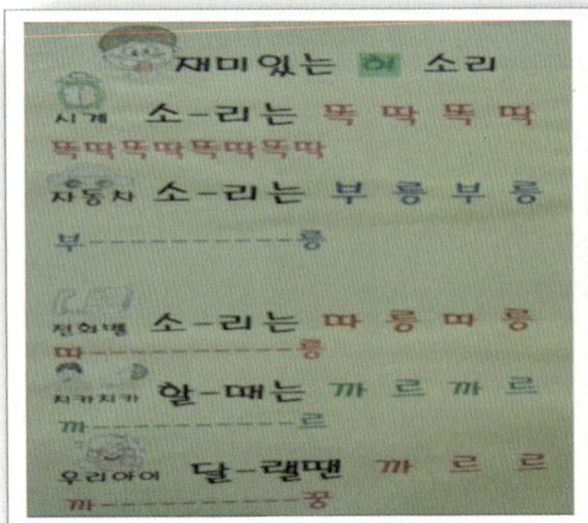

동시감상 자료

※ 아이 소리, 시계 소리, 자동차 소리, 전화기 소리, 양치 소리, 우는 아이 소리 등 표현하고자 하는 대상을 선정하여 막대 인형 자료를 준비하여 번갈아 교차적으로 제시하면 시어를 바꾸어 동시를 낭송하며 감상할 수 있다.

몸에서 나는 소리 탐색

주제 도입

몸에서 나는 소리 탐색하기

발 손 입 무릎

이런 소리가 나요!

• 여러 가지 상황 그림을 보고 내가 생각하는 소리 내기

"흑흑 흑흑"

"으앙 으앙"

"잉잉잉"

"앙~~~"

"응애~"

"애~~앵"

어떤 소리가 날까요?

※ 교사는 집단활동 시간의 교수용 자료나 자유선택활동 영역의 개별활동 자료로써 다양한 상황의 실사 사진을 준비하면 유아들이 수시로 자신이 생각하는 소리로 표현할 수 있다. 이때 교사는 받아 적어주고 유아들의 표현을 격려해 준다.

우리 주변의 소리 : 놀이터

주제 전개

- 우리 주변의 소리
  - 놀이터
  - 교실
  - 동물
  - 주방
- 듣기 좋은 소리와 듣기 싫은 소리
- 소리 탐색하기
  - · 악기 소리 내기
  - · 악기 만들기
  - · 같은 소리 찾기
  - · 소리 알아맞히기
- 소리의 크기와 빠르기
- 소리의 고저
- 악기합주 놀이

생각모으기 : 바깥놀이터에서 찾은 소리 1

• 이야기 나누기 : 유아들에게 바깥놀이터 사진을 제시하고 이 장소에서 들었던 소리를 회상하며 함께 생각모으기

바깥놀이터에서 들을 수 있는 소리 예측하기

※ 3세 유아의 경우 이야기 나누기 시간에 그림 없이 ○○장소에서 나는 소리를 회상하기에는 한계가 있다. 따라서 실사 사진 자료를 활용하여 이전 경험을 함께 회상하며 소리를 찾아가는 방법이 효과적이다.

우리 주변의 소리 : 놀이터

주제 전개

- 우리 주변의 소리
  - 놀이터
  - 교실
  - 동물
  - 주방
- 듣기 좋은 소리와 듣기 싫은 소리
- 소리 탐색하기
  - · 악기 소리 내기
  - · 악기 만들기
  - · 같은 소리 찾기
  - · 소리 알아 맞추기
- 소리의 크기와 빠르기
- 소리의 고저
- 악기합주 놀이

"놀이기구에서는 어떤 소리가 날까?"
"거북이가 연못에서 헤엄칠 때 어떤 소리가 나니?
"물 놀이터와 세면대에서 나는 물소리는 같니? 어떻게 다르니?"

연못의 거북이 소리

세면대의 물소리

물 놀이터의 물소리

자동차 경적 소리

잔디 밟는 소리

바깥놀이터에서 유아들이 소리 찾는 활동

우리 주변의 소리 : 교실

생각모으기 : 교실에서 찾은 소리 1

카세트에서 나오는 동화소리/음악소리

색종이 놀이할 때 나는 소리

형님들 말소리

가위질 소리

명꼬펜 소리

문 여닫는 소리

시계 소리

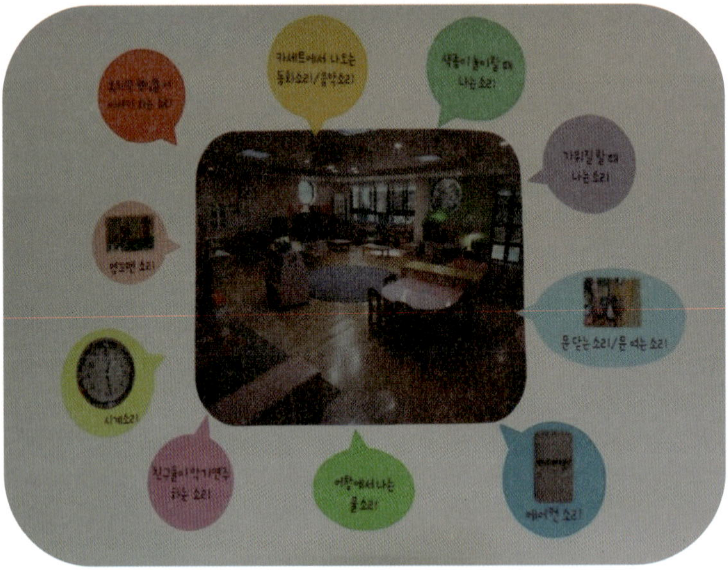

친구의 악기 연주 소리

어항에서 나는 소리

에어컨 소리

※ 교사는 유아들과 교실의 실사 사진을 활용하여 이야기 나누기를 하는 가운데 우리 교실에서 나는 소리로써 카세트에서 나오는 동화소리, 음악소리, 색종이 놀이할 때 나는 소리, 가위질 소리, 문 여닫는 소리, 에어컨 소리, 어항에서 나는 소리, 친구들의 악기 연주 소리, 시계 소리, 명꼬펜 소리, 유치반 형님들이 이야기하는 소리 등을 찾을 수 있었다.

※ 본 활동은 교실에서 나는 소리 찾기 초기 활동으로써 교사는 교실 전체 사진을 준비하여 유아들과 각 장소에서 소리를 어떻게 찾을 것인지에 대한 방법을 제시함으로써 차후 개별활동에 단초를 제공하였다.

우리 주변의 소리 : 교실

주제 전개

- 우리 주변의 소리
  - 놀이터
  - 교실
  - 동물
  - 주방
- 듣기 좋은 소리와 듣기 싫은 소리
- 소리 탐색하기
  - 악기 소리 내기
  - 악기 만들기
  - 같은 소리 찾기
  - 소리 알아맞히기
- 소리의 크기와 빠르기
- 소리의 고저
- 악기합주 놀이

교실에서 찾은 소리 2

유아들이 교실에서 찾은 소리 게시 자료

※ 유아들이 교실에서 찾은 소리의 결과물을 유아들 키 높이에 게시해 주면 교실의 추후 활동에서 새롭게 찾은 소리를 추가하거나 새로운 표현을 찾는데 동기부여가 된다.

우리 주변의 소리 : 교실

주제 전개

우리 주변의 소리

- 놀이터
- 교실
- 동물
- 주방

듣기 좋은 소리와 듣기 싫은 소리

소리 탐색하기
· 악기 소리 내기
· 악기 만들기
· 같은 소리 찾기
· 소리 알아맞히기

소리의 크기와 빠르기

소리의 고저

악기합주 놀이

'엉터리 방터리' 리듬그림책

• 놀잇감을 가지고 놀이하는 상황에서 나는 소리를 의성어의 형태로 표현한 리듬그림책 들려주기

교실의 놀잇감 소리가 묘사되어 있는 리듬그림책 감상하기

※ 교사는 유아들이 교실에서 나는 소리 탐색에 주의를 기울여 보도록 놀잇감을 가지고 놀이하는 여러 상황에서 들을 수 있는 소리를 의성어의 형태로 표현된 리듬 그림책을 들려준다. 이때 교사는 의성어와 의태어의 표현을 강조하며 리드미컬하게 표현해 준다.

※ 정보 : 리듬그림책 재미모리 동동 '엉터리 방터리' 글 유호선/그림 황정호. 한솔교육출판.

우리 주변의 소리 : 동물

주제 전개

- 우리 주변의 소리
  - 놀이터
  - 교실
  - 동물
  - 주방
- 듣기 좋은 소리와 듣기 싫은 소리
- 소리 탐색하기
  - · 악기 소리 내기
  - · 악기 만들기
  - · 같은 소리 찾기
  - · 소리 알아맞히기
- 소리의 크기와 빠르기
- 소리의 고저
- 악기합주 놀이

동물들은 어떤 소리를 낼까?

• 바깥놀이 시간에 유아들은 동물 장에서 닭과 토끼, 새 등의 소리에 주의 깊게 귀를 기울임

"어떤 동물들의 소리가 들리니?"
"닭은 어떤 소리를 내니?"
"토끼 소리를 들어본 적 있니?"
"새와 닭이 함께 소리를 낸다면 어떤 소리가 날까?"

유아들이 동물장에서 동물의 소리 찾는 활동

• 교실에서 나는 여러 소리를 탐색하던 중 유아들이 교실 밖 동물장에서 들려오는 동물의 소리에 관심을 보이기 시작하여 교사는 유아들과 함께 바깥놀이 시간마다 동물장으로 가서 닭과 토끼, 새 등의 소리를 들음

우리 주변의 소리 : 동물

'테지움' 동물 테마 파크에 다녀 왔어요!

현장체험학습 후 유아들의 동물 표상 결과물 게시

※ 3세 유아에게 동물들의 다양한 소리를 인식할 수 있도록 현장체험학습의 사전 활동으로 동물들의 움직임과 소리가 포함된 동영상을 보여 주고 다양한 소리를 인식하고 지역사회의 동물원을 현장학습 장소로 선정하였다.

※ 동물 테마 파크에 다녀 온 후 교사는 유아들에게 인상 깊었던 동물을 표상하는 과정에서 3세의 경우 그리고자 하는 대상의 형태가 표현되지 않으므로 어떤 동물의 어떤 모습을 그리고자 하는지 상호작용하고 유아의 그림에 대상 이름과 실사 사진을 오려서 유아의 이름 및 사진과 함께 전시해 준다. 이는 3세 유아의 발달적 특성상 다른 친구들에게 누가 어떤 동물을 그린 그림인지 정보를 제공하는 효과가 있다.

우리 주변의 소리 : 동물

주제 전개

- 우리 주변의 소리
  - 놀이터
  - 교실
  - 동물
  - 주방
- 듣기 좋은 소리와 듣기 싫은 소리
- 소리 탐색하기
  - · 악기 소리 내기
  - · 악기 만들기
  - · 같은 소리 찾기
  - · 소리 알아맞히기
- 소리의 크기와 빠르기
- 소리의 고저
- 악기합주 놀이

수수께끼 : "킥킥킥~! 나는 누구일까요?"

• **수수께끼** : 녹음 자료를 이용해서 동물 소리를 듣고 동물 이름을 맞힌 후 동물의 소리를 흉내내기

"어떤 동물 소리인지 들어보자."
"어떤 동물 소리가 들렸니? 바로 ○○ 소리!
같이 한번 소리를 내어볼까?"

나는 누구일까요? 수수께끼 놀이

• 여러 가지 동물소리가 녹음된 자료와 수수께끼판을 준비한 후 교사와 유아들이 둘러 앉아 녹음된 자료를 듣고 유아는 동물의 이름을 외친 후 곧이어 동물 소리를 내는 활동

※ 교사는 잘 들을 수 있는 방법에 대해 유아들과 약속을 정하며 정형화된 소리 이외에 다양한 소리를 내보도록 격려한다.

우리 주변의 소리 : 주방

주제 전개

- 우리 주변의 소리
  - 놀이터
  - 교실
  - 동물
  - 주방
- 듣기 좋은 소리와 듣기 싫은 소리
- 소리 탐색하기
  - 악기 소리 내기
  - 악기 만들기
  - 같은 소리 찾기
  - 소리 알아맞히기
- 소리의 크기와 빠르기
- 소리의 고저
- 악기합주 놀이

주방도구에서는 이런 소리가 나!

• 주방도구에서 나는 소리를 탐색하고 그 소리를 의성어로 표현하기

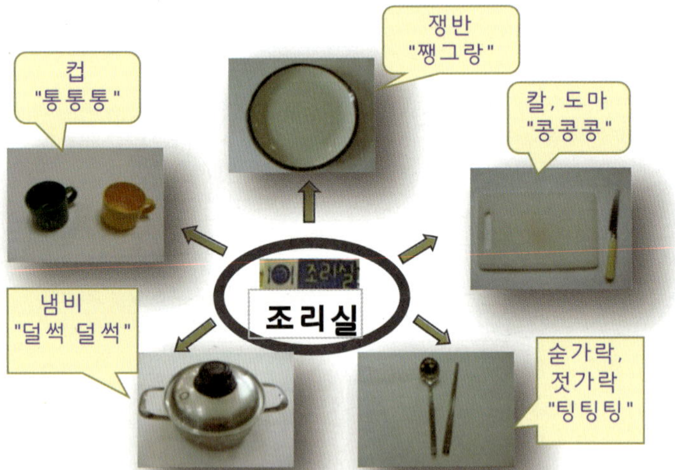

• 3세는 역할놀이영역에서 가족놀이를 즐겨하고, 음식 만들기 놀이가 자주 이루어지므로 자연스럽게 주방도구에서 나는 소리에 관심을 가짐

• 유아들은 유치원 조리실로 인도되어 조리하는 모습을 관찰하며 조리할 때 나는 소리와 주방도구를 다룰 때 나는 소리를 비교함

※ 이때 교사는 소리에 관련된 어휘를 사용하여 유아들과 상호작용해 줌으로써 현재 일어나는 상황과 어휘를 관련지을 수 있도록 돕는다.

우리 주변의 소리 : 주방

주제 전개

- 우리 주변의 소리
  - 놀이터
  - 교실
  - 동물
  - 주방
- 듣기 좋은 소리와 듣기 싫은 소리
- 소리 탐색하기
  - · 악기 소리 내기
  - · 악기 만들기
  - · 같은 소리 찾기
  - · 소리 알아맞히기
- 소리의 크기와 빠르기
- 소리의 고저
- 악기합주 놀이

요리할 때는 어떤 소리가 날까?

• '팝콘 튀기기' 활동을 통해 조리할 때 나는 소리를 직접 경험하고 소리를 예측하여 봄

"이 작은 옥수수에 열을 가하면 어떤 소리가 날까?
"왜 그렇게 생각했니?"
"팝콘 튀기는 소리를 잘 들어보자."
"네가 생각했던 소리와 어떻게 다르니?"

팝콘 튀겨지는 소리 듣고 악기로 표현하기

음식이 끓을 때 나는 소리 예측하기

※ 교사는 이전 활동인 주방도구에서 나는 소리와 조리할 때 나는 소리의 차이를 변별할 수 있도록 '팝콘 튀기기' 요리 활동을 계획하였다. 또한 관련 활동으로 냄비에서 음식이 끓을 때 나는 소리를 탐색하기 위하여 미리 예측해 보는 활동 등 도구가 내는 소리와 조리할 때 나는 소리의 차이를 식별할 수 있도록 돕는다.

※ 이때 교사는 조리할 때 나는 다양한 의성어와 의태어를 사용하여 유아들이 다양하게 표현할 수 있도록 상호작용한다.

우리 주변의 소리 : 가정 연계 활동

우리 집에서 이런 소리를 찾았어요!

• 우리 집에서 찾은 소리를 친구들에게 소개하기

화장실 물 내리는 소리, 선풍기 돌아가는 소리, 벨소리 등

텔레비전, 라디오, 화장실, 핸드폰, 시계, 사진 찍는 소리 등

동생 우는 소리

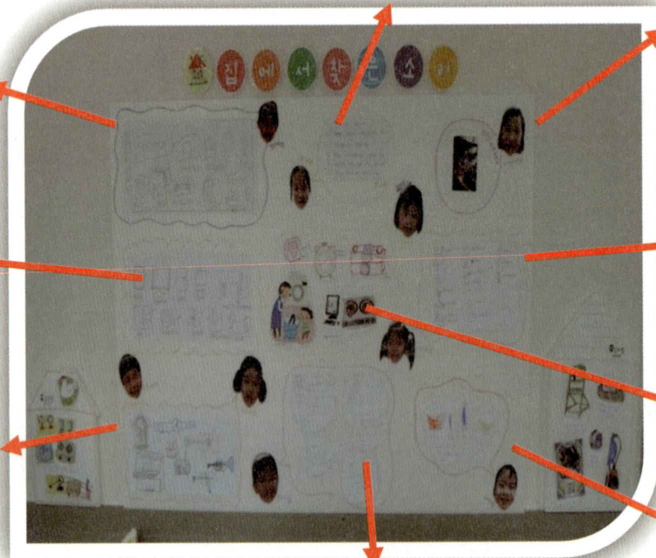

모니터, 냉장고, 가위, 드럼 세탁기 소리 등

주방에서 나는 소리(칼, 도마, 밥솥, 초인종, 문여는 소리, 말소리 등)

북, 시계, 피아노, 라디오, 바이올린, 트럼펫, 기타 등

전화기, 시계, 카메라 등

북소리

아빠, 엄마, 형 말소리 같은 목소리 등

※ 교사는 학급에서 진행하는 주제와 관련된 활동을 가정과 연계하여 주제와 관련된 내용을 가정미션으로 보낸다. 가정연계활동은 유아들이 주제에 대한 개념을 형성하는데 학습 효과를 높일 수 있을 뿐 아니라 가정에서도 자녀의 교육기관 교육내용에 대한 이해의 폭을 넓힐 수 있는 기회를 제공할 수 있다.

※ 유아는 부모님과 함께 알아본 우리 집에서 나는 소리를 친구들에게 소개하며 주제 관련 개념에 대한 확신과 자신감을 형성할 수 있다.

듣기 좋은 소리와 듣기 싫은 소리

주제 전개

- 우리 주변의 소리
  - 놀이터
  - 교실
  - 동물
  - 주방
- **듣기 좋은 소리와 듣기 싫은 소리**
- 소리 탐색하기
  - ·악기 소리 내기
  - ·악기 만들기
  - ·같은 소리 찾기
  - ·소리 알아맞히기
- 소리의 크기와 빠르기
- 소리의 고저
- 악기합주 놀이

듣기 좋은 소리와 듣기 싫은 소리가 있어요!

• **유아들은** 악기 놀이를 하는 과정에서 악기를 마구 두드리면 듣기 싫은 소리가 난다는 것을 인식하고 점차 듣기 좋은 소리를 만들어 나감

" 악기를 바르게 연주하는 소리, 노랫소리, 친구들의 소리, 칭찬하는 소리, 사랑한다는 말 소리, 엄마 목소리, 선생님 목소리는 듣기 좋은 소리에요."

"악기를 마구 두드리는 소리, 자동차 '빵빵' 거리는 소리, 화난 목소리, 떼쓰는 소리, 야단치는 소리 , 싸우는 소리, 물건 떨어지는 소리는 듣기 싫은 소리에요."

우리 주변에서 찾은 듣기 좋은 소리와 듣기 싫은 소리 생각모으기

• 유아들은 우리의 일상생활 속에는 다양한 소리가 존재한다는 것을 인식하게 되었으며 자연스럽게 듣기 좋은 소리와 듣기 싫은 소리에는 어떤 것들이 있는지 탐색할 기회를 가지게 됨

※ 본 활동은 추후 악기합주 놀이에서 유아들이 자신이 가진 악기 소리를 스스로 통제와 조절하며 듣기 좋은 소리를 만들어 가는 계기가 되었다.

듣기 좋은 소리 : 소리의 저장

주제 전개

- 우리 주변의 소리
  - 놀이터
  - 교실
  - 동물
  - 주방
- 듣기 좋은 소리와 듣기 싫은 소리
- 소리 탐색하기
  - · 악기 소리 내기
  - · 악기 만들기
  - · 같은 소리 찾기
  - · 소리 알아맞히기
- 소리의 크기와 빠르기
- 소리의 고저
- 악기합주 놀이

친구들의 목소리를 저장할 수 있어요!

• 듣기 좋은 소리 중 '친구들의 목소리, 노랫소리, 엄마의 목소리' 등이 나와 유아들과 친구들의 목소리를 녹음하는 활동을 계획함

"너희들이 말한 듣기 좋은 소리 중에서 친구들의 목소리를 저장해서 들어보려고 해. 목소리를 어떻게 저장할까?"
"핸드폰에 우리가 이야기 한 것이 잘 저장되었는지 한 번 들어보자."

소리 저장 방법에 대해 이야기 나누기

※ 교사는 유아들과 녹음할 수 있는 기계를 탐색(녹음기, 핸드폰 등)하고 핸드폰에 소리를 저장해 보는 경험을 제공하기 위해 초기 계획에는 없었던 '소리의 저장' 활동을 계획하기로 하였다.

듣기 좋은 소리 : 소리의 저장

주제 전개

우리 주변의 소리
- 놀이터
- 교실
- 동물
- 주방

듣기 좋은 소리와 듣기 싫은 소리

소리 탐색하기
- · 악기 소리 내기
- · 악기 만들기
- · 같은 소리 찾기
- · 소리 알아맞히기

소리의 크기와 빠르기

소리의 고저

악기합주 놀이

친구가 아파요 : 응원메시지 보내기

동영상 촬영

나린이 엄마가 보내준 음성메시지가 도착했어요!

친구에게 메시지를 저장하여 주고 받는 활동

- 학급 친구 중 아파서 오랫동안 유치원에 오지 못하는 나린이에게 위로 메시지를 보내기로 함. 교사는 어떤 메시지를 보낼지 유아들과 의논한 후 동영상에 학급 친구들의 응원 메세지를 담아 부모님을 통해 친구에게 전달함

- 나린이 어머니가 다시 학급 친구들에게 음성메시지 답장을 보내셨고 유아들은 음성메시지를 받게 되면서 소리 저장에 흥미가 고조되고 관심이 확대됨

듣기 좋은 소리 : 소리의 저장

주제 전개

- 우리 주변의 소리
  - 놀이터
  - 교실
  - 동물
  - 주방
- 듣기 좋은 소리와 듣기 싫은 소리
- 소리 탐색하기
  - · 악기 소리 내기
  - · 악기 만들기
  - · 같은 소리 찾기
  - · 소리 알아맞히기
- 소리의 크기와 빠르기
- 소리의 고저
- 악기합주 놀이

메시지 송 : 노래와 사진으로 우리 반을 소개해요!

- **메시지 송** : 유아들의 소리 저장에 대한 관심이 고조되어 확장활동을 계획함
- 소리를 저장하여 다른 사람들에게 소식을 전할 수 있는 다양한 방법에 관심을 가짐 → 핸드폰 앱을 활용하여 <우리 반을 소개해요> '메시지 송' 만들기를 함

"메시지 송에 어떤 말을 담고 싶니?"
"어떤 멜로디에 가사를 넣으면 좋을까?"

" 엄마, 아빠 사랑해요!'
"장난감이 많은 우리 반"
"재미있는 놀이도 많아요"
"노래도 불러요."
"좋은 친구,
멋진 친구도 많아요."

유아들과 '메시지 송'에 어떤 내용을 담을지 의논하기

듣기 좋은 소리 : 소리의 저장

주제 전개

우리 주변의 소리
- 놀이터
- 교실
- 동물
- 주방

듣기 좋은 소리와 듣기 싫은 소리

소리 탐색하기
- 악기 소리 내기
- 악기 만들기
- 같은 소리 찾기
- 소리 알아맞히기

소리의 크기와 빠르기

소리의 고저

악기합주 놀이

메시지 송 만들기!

우리 반 메시지 송 만들기

※ '메시지 송' 만들기
1. 익숙한 멜로디에 우리가 직접 개사를 할 수 있는 앱 검색
2. 핸드폰에서 '메시지 송' 다운 받기
3. 곡을 선택하여 개사하기
4. 보내고 싶은 사람에게 보내기

듣기 좋은 소리 : 소리의 저장

주제 전개

- 우리 주변의 소리
  - 놀이터
  - 교실
  - 동물
  - 주방
- **듣기 좋은 소리와 듣기 싫은 소리**
- 소리 탐색하기
  - · 악기 소리 내기
  - · 악기 만들기
  - · 같은 소리 찾기
  - · 소리 알아 맞추기
- 소리의 크기와 빠르기
- 소리의 고저
- 악기합주 놀이

메시지 송을 부모님께 보내드렸어요! (가정연계활동)

"우리가 메시지 송을 부모님께 보내드렸더니 집에서 다시 메시지 송을 만들어서 보내주셨어. 한번 들어볼까?"
"어떤 노래와 메시지가 들렸니?"

- 유아들이 만든 메시지 송을 부모님께 보내드리자 부모님들께서 다양한 메시지 송을 만들어 교사에게 다시 보내주심
- 유아들과 친구들이 만든 메시지 송을 보고 들으면서 평가가 이루어짐

소리 탐색 : 악기 소리

주제 전개

- 우리 주변의 소리
  - 놀이터
  - 교실
  - 동물
  - 주방
- 듣기 좋은 소리와 듣기 싫은 소리
- 소리 탐색하기
  - 악기 소리 내기
  - 악기 만들기
  - 같은 소리 찾기
  - 소리 알아맞히기
- 소리의 크기와 빠르기
- 소리의 고저
- 악기합주 놀이

악기와의 만남!

• 여러 종류의 악기 탐색 : 유아들은 음률영역에서 여러 가지 악기의 모양과 소리를 탐색함

"둥둥둥둥! 굵고 큰 소리 내는 북"

" 여기 누르니까 다른 소리가 난다!"

악기에서 찾은 소리

※ 교사는 유아들과 함께 소리를 내는 다양한 방법을 찾아보고 유아들이 개별적으로 리듬악기를 충분히 탐색할 수 있는 시간을 제공한다.

소리 탐색 : 악기 만들기

주제 전개

- 우리 주변의 소리
  - 놀이터
  - 교실
  - 동물
  - 주방
- 듣기 좋은 소리와 듣기 싫은 소리
- 소리 탐색하기
  - · 악기 소리 내기
  - · **악기 만들기**
  - · 같은 소리 찾기
  - · 소리 알아맞히기
- 소리의 크기와 빠르기
- 소리의 고저
- 악기합주 놀이

내가 만든 악기 : 마라카스, 캐스터네츠, 방울

- 다양한 재질의 통에 여러 종류의 재료를 넣어 '소리통'을 만들거나 다양한 소리가 나는 재료나 방울을 매달아 악기 만들기

"어떤 재료를 통 속에 넣어볼까?"
"콩은 어떤 소리가 날까?"
"콩을 5개 넣은 것과 10개 넣은 소리통은 소리가 어떻게 다를까?"

"어떤 모양의 방울을 만들고 싶니?"
"○○의 방울과 ◇◇의 방울 소리가 같니?"
"왜 다른 소리가 날까?"

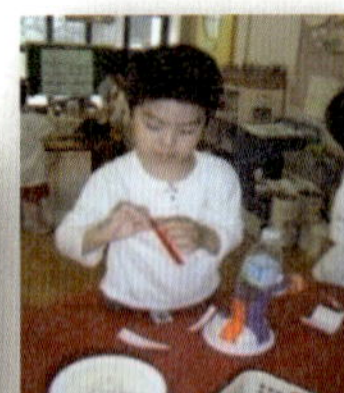

마라카스 만들기

캐스터네츠 만들기

다양한 재료로 악기 만들기

방울 만들기

여러 가지 재료로 악기 만들기

소리 탐색 : 악기 만들기

주제 전개

- 우리 주변의 소리
  - 놀이터
  - 교실
  - 동물
  - 주방
- 듣기 좋은 소리와 듣기 싫은 소리
- 소리 탐색하기
  - · 악기 소리 내기
  - · 악기 만들기
  - · 같은 소리 찾기
  - · 소리 알아맞히기
- 소리의 크기와 빠르기
- 소리의 고저
- 악기합주 놀이

내가 만든 악기 : 연주해요!

• 병뚜껑 캐스터네츠, 방울, 마라카스 등 내가 만든 다양한 악기를 친구들에게 소개하고 노래 반주에 맞춰 연주하기

" 이 악기는 어떤 소리가 날까?"
" 어떤 방법으로 소리내는 악기인지 소개해 줄 수 있겠니?"
"더 큰(작은) 소리를 내려면 어떻게 해야 할까?

내가 만든 악기를 소개합니다!

※ 자신이 만든 악기가 의미 있는 음을 만들어 낸다는 성취감을 갖게 하기 위하여 음악에 맞춰 노래를 함께 부르며 연주한다.

※ 친구들과 한 줄씩 교차적으로 연주해 본다. 이때 유아들이 만든 악기는 정확한 음정을 만들 수 없으므로 재료의 종류에 따라 다른 소리를 낸다는 것을 아는 수준으로 목표를 설정한다.

소리 탐색 : 같은 소리

주제 전개

- 우리 주변의 소리
  - 놀이터
  - 교실
  - 동물
  - 주방
- 듣기 좋은 소리와 듣기 싫은 소리
- 소리 탐색하기
  - 악기 소리 내기
  - 악기 만들기
  - **같은 소리 찾기**
  - 소리 알아맞히기
- 소리의 크기와 빠르기
- 소리의 고저
- 악기합주 놀이

소리가 같아요!

- 여러 재료가 담겨 있는 통을 흔들어 보고 같은 재료가 담긴 통을 찾는 활동. 소리를 주의 깊게 듣고 같고 다름을 구별해 봄

소리 통에서 같은 소리 찾기

※ 자료 제작 시 뚜껑을 열었다 닫을 수 있는 통을 준비하여 사용해야 한다. 유아들이 뚜껑을 열어서 그 안의 내용물이 동일한지 확인할 수 있다.

소리 탐색 : 수수께끼

주제 전개

- 우리 주변의 소리
  - 놀이터
  - 교실
  - 동물
  - 주방
- 듣기 좋은 소리와 듣기 싫은 소리
- 소리 탐색하기
  - · 악기 소리 내기
  - · 악기 만들기
  - · 같은 소리 찾기
  - · **소리 알아맞히기**
- 소리의 크기와 빠르기
- 소리의 고저
- 악기합주 놀이

수수께끼 : 누구의 소리일까요?

• 교실에 있는 여러 가지 악기와 사물의 소리 알아맞히기

" 이 소리는 무엇의 소리일까요?"

"힌트는 두드리는 악기야. 둥근 통이 2개 붙어 있지~"

"잘 들어보고
맞혀 보세요!"

나는 누구일까요? 수수께끼 놀이

※ 수수께끼 상자는 세울 수 있고 앞을 열고 닫을 수 있게 제작하여 상대 유아가 실물을 직접 확인할 수 있도록 한다면 유아의 흥미를 지속적으로 유지하며 활동에 참여할 수 있다.

소리의 크기와 빠르기 : 소리의 크기

주제 전개

- 우리 주변의 소리
  - 놀이터
  - 교실
  - 동물
  - 주방
- 듣기 좋은 소리와 듣기 싫은 소리
- 소리 탐색하기
  - · 악기 소리 내기
  - · 악기 만들기
  - · 같은 소리 찾기
  - · 소리 알아맞히기
- **소리의 크기와 빠르기**
- 소리의 고저
- 악기합주 놀이

소리를 키워요!

• 확성기 : 종이컵이나 종이를 말아서 확성기 만들기

"소리통에 입을 대고 소리를 내면 어떤 소리가 날까?"
"멀리 있는 사람에게 큰 소리를 전하려면 어떻게 해야 할까?"
"제일 작은 소리를 내 보자."

확성기를 만들어요!

※ 종이컵의 아랫 부분을 자르거나 종이를 말아서 상하의 지름이 다른 확성기를 만들 수 있다. 이때 종이컵의 바닥 부분을 오리거나 종이 확성기 제작 시 종이를 접합할 경우에 교사의 도움이 필요하다.

※ 교사는 유아가 확성기를 통해 내는 소리의 크기와 이전의 소리를 비교할 수 있도록 상호작용한다.

소리의 크기와 빠르기 : 소리의 크기

주제 전개

- 우리 주변의 소리
  - 놀이터
  - 교실
  - 동물
  - 주방
- 듣기 좋은 소리와 듣기 싫은 소리
- 소리 탐색하기
  - · 악기 소리 내기
  - · 악기 만들기
  - · 같은 소리 찾기
  - · 소리 알아맞히기
- **소리의 크기와 빠르기**
- 소리의 고저
- 악기합주 놀이

크게, 작게.... 소리 내어 보아요!

• 리듬막대를 이용해서 유아들이 크게 또는 작게 소리 내보기

" 선생님이 연주하는 리듬막대 소리를 잘 들어보자.
(작게, 점점 크게 연주하고) 소리가 어떤 것 같니?"
"너희들도 선생님이 내는 큰 소리, 작은 소리를 잘 들으며 함께 연주해보자."

소리를 크게~ 소리를 작게~ 리듬막대 놀이

※ 교사는 소리의 크기(셈 여림)가 명확히 드러나 있는 음악을 선정해야 한다.

※ 활동하기 전 유아들에게 주의 깊게 경청하여 소리의 크기에 따라 구분하여 연주해야 함을 미리 알린다.

소리의 크기와 빠르기 : 소리의 빠르기

주제 전개

- 우리 주변의 소리
  - 놀이터
  - 교실
  - 동물
  - 주방
- 듣기 좋은 소리와 듣기 싫은 소리
- 소리 탐색하기
  - · 악기 소리 내기
  - · 악기 만들기
  - · 같은 소리 찾기
  - · 소리 알아맞히기
- **소리의 크기와 빠르기**
- 소리의 고저
- 악기합주 놀이

빠르게, 느리게.... 연주하며 걸어 보아요!

• 교사의 리듬 막대 소리를 들으며 박자에 맞추어 유아들이 빠르게 혹은 느리게 연주하며 걷기

" 선생님이 연주하는 소리를 듣고 걸어볼까?"

"선생님이 빠르게 연주하면 너희들 발걸음은 어떻게 움직였니?"

리듬에 맞추어 하나 둘, 하나 둘 걸어 보아요!

※ 숫자카드
- 카드의 숫자가 1인 경우 한 박자로 걷거나 연주하고(하나 하나 하나 하나)
- 카드의 숫자가 2인 경우 두 박자에 맞추어 천천히 걷거나 연주하고(하나둘, 하나둘)
- 카드의 숫자가 4인 경우 4박자에 맞추어 느리게 걷거나 연주하기(하나둘셋넷)

※ 악기에 관한 관심이 계속 지속되자 교사는 악기를 이용하여 소리의 크기와 빠르기를 인식할 수 있도록 하기 위해 리듬 막대를 이용하여 카드의 숫자만큼 크고, 작게 연주해 보고 한 박자, 두 박자, 세 박자에 맞추어 걷는 활동을 계획하였다.

※ 소리의 빠르기(리듬 및 박자)가 명확히 드러나 있는 음악을 선정하여 교사가 들려주는 리듬 박자에 맞추어 빠르게 혹은 천천히 리듬막대를 연주하며 걸음의 속도를 조절하며 걸을 수 있도록 한다.

• 유아는 함께 연주하며 걷는 가운데 소리의 빠르기를 인식함

소리의 고저

주제 전개

- 우리 주변의 소리
  - 놀이터
  - 교실
  - 동물
  - 주방
- 듣기 좋은 소리와 듣기 싫은 소리
- 소리 탐색하기
  - · 악기 소리 내기
  - · 악기 만들기
  - · 같은 소리 찾기
  - · 소리 알아맞히기
- 소리의 크기와 빠르기
- **소리의 고저**
- 악기합주 놀이

신체음계놀이 : 높은 소리, 낮은 소리가 있어요!

• 신체의 아래 부분(발)부터 머리까지 계이름을 붙여 신체 음계놀이 하기

"발가락은 도도도,
무릎은 레레레,
엉덩이는 미미미,
배꼽은 파파파,
가슴은 솔솔솔,
어깨는 라라라,
머리는 시시시,
도도도!

도레미파솔라시도~ 도시라솔파미레도~
재미있는 신체음계놀이

• 소리의 고저를 자신의 신체를 이용하여 표현하면서 낮은 도에서 높은 도까지 음의 높낮이의 차이를 직접 신체로 경험함

악기합주 놀이

주제 전개

- 우리 주변의 소리
  - 놀이터
  - 교실
  - 동물
  - 주방
- 듣기 좋은 소리와 듣기 싫은 소리
- 소리 탐색하기
  - · 악기 소리 내기
  - · 악기 만들기
  - · 같은 소리 찾기
  - · 소리 알아맞히기
- 소리의 크기와 빠르기
- 소리의 고저
- **악기합주 놀이**

악기합주 놀이 : 악기 소리가 모여서

• 혼자서 한 가지 악기를 소리 낼 때와 여럿이 다양한 악기를 소리 낼 때의 소리 차이 탐색하기

"혼자 연주할 때와 여럿이 연주할 때 소리가 어떻게 다르니?"
"친구가 연주할 때 다른 친구의 악기는 어떻게 해야 할까?"
"아름다운 소리로 연주하려면 어떻게 하면 좋을까?"

• 점차적으로 더 많은 유아들이 악기연주에 참여하면서 흥미가 고조되어 악기합주 놀이로 확장됨

※ 3세의 악기합주 수준은 같은 음악에 맞추어 친구와 함께 자기 악기를 연주해 보는 악기놀이 수준으로 진행되었으며 이 과정에서 유아들은 한 가지 악기 소리와 여럿이 내는 악기 소리의 차이를 인식하게 되었다.

악기합주 놀이

주제 전개

- 우리 주변의 소리
  - 놀이터
  - 교실
  - 동물
  - 주방
- 듣기 좋은 소리와 듣기 싫은 소리
- 소리 탐색하기
  - 악기 소리 내기
  - 악기 만들기
  - 같은 소리 찾기
  - 소리 알아 맞추기
- 소리의 크기와 빠르기
- 소리의 고저
- **악기합주 놀이**

친구들과 함께 '둥가 둥가 둥둥둥....'

리듬 그림책 '둥가 둥가 둥둥둥'과 머리띠 자료

※ 주변 악기의 소리를 표현한 리듬 그림책으로써 다양한 악기 소리를 표현하는 의성어가 나오고, 점차적으로 악기를 연주하는 동물들이 등장하면서 합주의 형태가 되는 내용으로 구성 되었다.

※ 정보 : 리듬그림책 재미모리 동동 '둥가둥가 둥둥둥!' 글 이새록/그림 신진주. 한솔교육출판.

악기합주 놀이

주제 전개

- 우리 주변의 소리
  - 놀이터
  - 교실
  - 동물
  - 주방
- 듣기 좋은 소리와 듣기 싫은 소리
- 소리 탐색하기
  - · 악기 소리 내기
  - · 악기 만들기
  - · 같은 소리 찾기
  - · 소리 알아맞히기
- 소리의 크기와 빠르기
- 소리의 고저
- 악기합주 놀이

친구들과 함께 '둥가 둥가 둥둥둥....'

• 리듬 그림책 '둥가 둥가 둥둥둥'에 나온 동물들의 순서에 맞추어 악기 연주하기

"그림책에 동물들이 어떤 악기를 연주했니?"

"누가 ○○ 동물을 할까?"

"둥둥둥은 어떻게 연주하면 좋을까?"

둥가 둥가 둥둥둥
빰빰 빰빰 빰빰빰
찰찰 찰찰 찰찰찰
쿵짝 쿵짝 쿵짝짝
띵가 띵가 띵띵띵

친구들과 악기를 모아 재미있는 합주놀이

악기합주 놀이

주제 전개

- 우리 주변의 소리
  - 놀이터
  - 교실
  - 동물
  - 주방
- 듣기 좋은 소리와 듣기 싫은 소리
- 소리 탐색하기
  - · 악기 소리 내기
  - · 악기 만들기
  - · 같은 소리 찾기
  - · 소리 알아맞히기
- 소리의 크기와 빠르기
- 소리의 고저
- **악기합주 놀이**

친구들과 아름다운 소리를 만들어요!

- 리듬악기 그림악보에 따라 친구들과 악기 합주하기
- 유아들은 그림악보를 보고 자기 순서에 따라 연주하기

"큰 북을 울려라! 둥둥둥
작은 북을 울려라! 동동동
캐스터네츠 짝짝짝
탬버린은 찰찰찰
트라이앵글은 칭칭칭!"

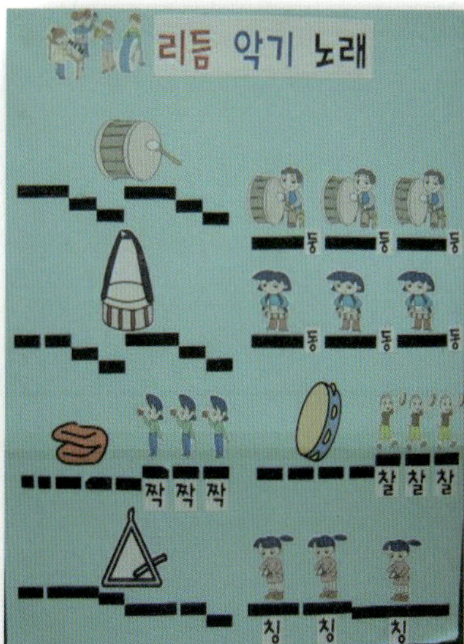

리듬 악기 그림 악보

노래 부르며 합주하기

※ 3세 발달 수준을 고려하여 악기합주는 '리듬악기 노래' 순서에 맞추어 자기 차례에 연주하는 것으로 진행한다.

악기합주 놀이

주제 전개

- 우리 주변의 소리
  - 놀이터
  - 교실
  - 동물
  - 주방
- 듣기 좋은 소리와 듣기 싫은 소리
- 소리 탐색하기
  - · 악기 소리 내기
  - · 악기 만들기
  - · 같은 소리 찾기
  - · 소리 알아맞히기
- 소리의 크기와 빠르기
- 소리의 고저
- **악기합주 놀이**

무엇이 되어볼까? 재미있는 분장놀이!

• 놀이 확장 : 극화된 악기합주 놀이의 흥미를 고조시키기 위한 분장놀이

분장 영역

※ 리듬그림책 '둥가 둥가 둥둥둥'에 나오는 등장인물을 극화로 확장시키기 위하여 그림책의 등장인물로 꾸밀 수 있도록 분장영역을 구성해준다.

악기합주 놀이

주제 전개

- 우리 주변의 소리
  - 놀이터
  - 교실
  - 동물
  - 주방
- 듣기 좋은 소리와 듣기 싫은 소리
- 소리 탐색하기
  - 악기 소리 내기
  - 악기 만들기
  - 같은 소리 찾기
  - 소리 알아맞히기
- 소리의 크기와 빠르기
- 소리의 고저
- **악기합주 놀이**

무엇이 되어볼까? 재미있는 분장놀이!

- 다양한 분장도구를 이용해서 '둥가 둥가 둥둥둥' 그림책에 등장한 동물들로 분장한 후 유아들의 '악기합주 놀이'는 흥미가 더욱 고조됨

극화에 나오는 등장인물 분장하기

※ 분장 시 착복한 동물 의상은 역할놀이영역에 비치된 동물 의상자료로써 평상시에도 3세 유아들이 즐겨 입는 의상이다.

※ 분장영역 구성 시 다양한 페이스마커와 함께 자신의 모습을 비춰 볼 수 있도록 거울을 제시해 주면 유아 스스로 실사와 흡사하게 분장을 수정하며 완성해 간다.

※ 유아들이 분장한 모습을 사진으로 찍어 게시해 주면 유아들의 흥미를 고조시킬 수 있으며 적극적인 참여 동기를 제공할 수 있다.

악기합주 놀이

주제 전개

- 우리 주변의 소리
  - 놀이터
  - 교실
  - 동물
  - 주방
- 듣기 좋은 소리와 듣기 싫은 소리
- 소리 탐색하기
  - · 악기 소리 내기
  - · 악기 만들기
  - · 같은 소리 찾기
  - · 소리 알아맞히기
- 소리의 크기와 빠르기
- 소리의 고저
- **악기합주 놀이**

얘들아! 우리 악기연주 들어봐!

• 악기합주 공연 : 소그룹으로 친구들에게 친구들과 함께 준비한 악기 합주의 기회를 가짐

"악기합주 공연을 하려면 무엇이 필요할까?"
"공연(관람)할 때 어떤 마음 가짐을 가지면 좋을까?"
"친구들이 힘을 내서 공연을 하게 하려면 어떻게 해야 할까?"
"내가 공연해 본 느낌은 어땠니?"
"친구의 공연을 보니 어떤 느낌이 들었니?"
"내가 공연할 때와 친구가 공연할 때 무엇이 달랐니?"

악기합주 놀이

※ 3세는 무대를 직접 꾸미기 어려우므로 연주회 분위기 조성을 위해 OHP필름에 무대그림을 출력하여 환등기를 이용해 비춰주면 연주회 분위기의 효과를 살릴 수 있다.

※ 악기 합주놀이의 후속 활동으로 극화 요소가 포함된 '주방 음악회'를 선정하여 음악극으로 주제를 마무리 하였다.

재미있는 소리놀이 '주방음악회'

주제 마무리

'주방음악회'
음악극 하기

동화 | 음악극

재미있는 소리놀이 '주방음악회'

• 유아들의 '주방음악회' 음악극 활동을 위한 전개 과정

'주방음악회' 동화 듣기
↓
어떤 주인공들이 등장하는지 알아보기
↓
주인공들이 어떤 순서로 등장하는지 알아보기
↓
각 주방도구들의 대사를 알아보고 어떤 소리로 표현할지 의논하기
↓
자기가 맡은 주방도구의 소리와 몸짓을 표현해 보기

※ 교사는 주제의 마무리 활동으로 동화 '주방 음악회'에 음악적 요소를 가미한 음악극을 선정함으로써 그 동안 '재미있는 소리놀이' 주제에서 탐색해 왔던 '소리'에 대한 개념을 진정한 재미있는 소리놀이 개념으로 통합하며 주제를 마무리 할 수 있었다.

재미있는 소리놀이 '주방음악회'

주제 마무리

'주방음악회'
음악극 하기

동화 | 음악극

동화 감상 : '주방음악회'

• 동화에 등장하는 주방도구들과 그들의 자랑이 무엇인지 경청하며 동화를 감상하기

모두가 잠든 밤
주방에 있는 친구들이 모였어요.

컵이 나와서 이야기 했어요.
"나는 물이나 음료수를 먹을 때 사용해…"

쟁반이 나와서 이야기 했어요.
"나는 음식을 담아서 먹을 수 있어…"

(생략)

"우리 함께 음악회를 열자!"

테이블 동화 자료

※ '주방음악회' : 모두가 잠든 밤 부엌에서 주방도구들이 이야기를 나누고 있었고 주방도구들은 서로 자신에게서 나는 소리를 친구들에게 소개하게 되었다. 그러다 음악회를 열자는 의견이 나왔고 모두들 자신들이 낼 수 있는 소리를 내며 멋진 음악회를 연다. 주인공들인 컵, 수저, 쟁반, 칼, 도마, 냄비, 가스렌지 등의 주방도구들이 주인공으로 등장하여 자기들이 하는 일을 자랑하는 이야기

※ 교사는 유아들에게 '주방음악회' 동화를 테이블 동화로 들려주며 우리가 그림책에 나오는 주방도구 주인공이 되어 우리도 동극놀이를 할 것임을 알린다.

재미있는 소리놀이 '주방음악회'

주제 마무리

'주방음악회'
음악극 하기

동화

음악극

음악극 : "나는 쟁반~ 주인공이 되어 보아요!"

• 동화에 등장하는 주방도구들이 내는 소리를 회상하며 주방 도구의 소리와 몸짓을 알아보고 자신과 친구들이 어떻게 표현하면 좋을지 생각해 보며 준비하기

컵이 소리내면 "통통통 통통 통통통 통통"
쟁반 소리내면 "쨍그랑 쨍쨍 쨍그랑 쨍쨍"
칼, 도마 소리내면 "콩콩콩 콩콩 콩콩콩 콩콩"
냄비 소리내면 "덜썩 덜썩 덜썩 덜썩"
수저 소리내면 "팅팅팅 팅팅 팅팅팅 팅팅"
가스렌지 소리내면 "파르륵 슈육 파르륵 슈육"
우리 모두 함께 모여 악기연주 해봐요!

※ 주인공들인 컵, 수저, 쟁반, 칼, 도마, 냄비, 가스렌지 등의 주방 도구가 재미있는 소리와 몸짓으로 등장하도록 하기 위해 각 도구들이 내는 소리를 유아들과 함께 탐색하고 이러한 소리를 어떠한 소리와 몸짓으로 표현할지 의논하여 반영한다.

※ 교사는 '주방음악회' 분위기를 연출하기 위하여 유아들에게 동화에 등장하는 주방도구와 앞치마 등의 소품을 준비한다.

※ 1단계 : 자신의 순서에 등장하며 의성어와 몸짓으로 표현하기
2단계: 동화의 대사에 유아에게 익숙한 음을 붙여주어 재미있는 음악극 형식으로 이끌어 간다.

재미있는 소리놀이 '주방음악회'

주제 마무리

'주방음악회'
음악극 하기

동화 / 음악극

음악극 : 즐거운 '주방음악회'

- 분장과 소품, 악기를 준비하여 자기 순서에 맞춰 등장하며 친구들과 즐겁게 음악극을 이끌어 감

즐거운 '주방음악회' 음악극

※ 음악극이 진행되는 과정에서 유아들은 이야기 순서, 자신의 대사, 동작 등을 잊어버려 원활한 진행이 안 될 수 있으므로 교사는 그때 그때 적절한 단서와 발문 등을 제공하여 극화 진행에 도움을 준다.

주제 전개 과정에서 실행된 주제 개념망

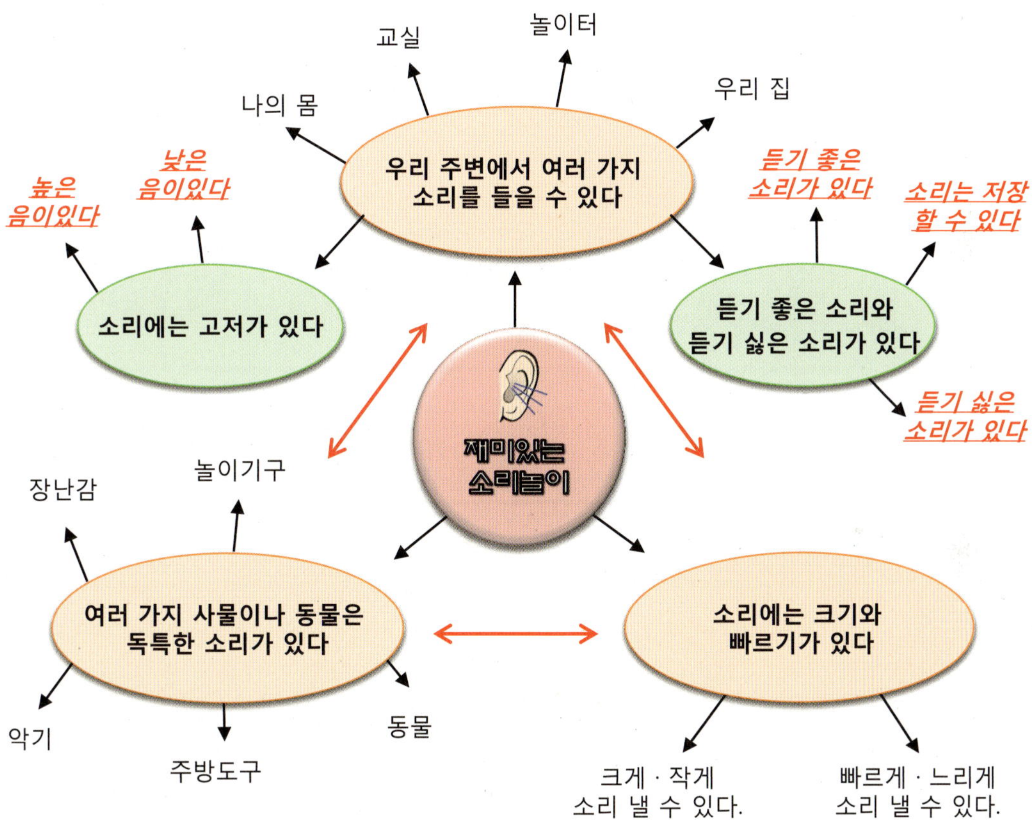

※ *적색의 밑줄 그은 이탤릭체* 표기는 주제 전개 과정에서 추가 · 확장된 내용임

재미있는 소리놀이 주제 전개의 특징

리듬감	• 리듬그림책을 이용해서 말소리와 주변소리에 대한 리듬감을 익히고 의성어의 형태로 표상하는 경험을 제공함
소리 찾기	• 3세 유아를 위한 '소리'에 대한 탐색은 우리 주변 생활 속에서 발견하거나 유아들이 직접적으로 조작할 수 있는 일상생활 도구의 소리 탐색이 시작점이 되어 비교적 소리의 차이를 변별하기 쉬운 악기 소리 탐색으로 점차 확장되어 감
탐색 시간	• 3세 유아의 발달적 특성을 고려하여 소리 활동 시 탐색시간을 충분히 제공하여 스스로 발견하도록 하는 한편, 교사는 유아가 소리의 세부적 차이를 인식할 수 있도록 관찰과 발문 등 지원과 촉진적 역할을 수행함
중집단 수업	• 유아가 다양한 감각을 이용하여 주변의 소리를 탐색하는 동안 교사는 유아와의 충분한 상호작용을 하기 위하여 가능한 두 명의 교사가 ½집단(중집단)으로 수업을 진행하였음

PART 2

만 4세 주제 탐구
신나는 악기놀이

Chapter 3

신나는 악기놀이

주제 탐구의 개요

만 4세아는 신체 운동 기술이 3세아에 비해 더욱 발달하여 신체적 균형 유지가 가능해지며 소근육 발달이 점차로 정교화되고 눈과 협응력이 발달하여 작은 조각들을 조립하여 구성하는 놀이를 즐기며 그리기, 색칠하기, 가위질하기와 같은 활동을 더욱 성공적으로 수행한다. 친구에게 관심이 많아지고 타인을 고려하고 돕는 행동이 증가되며 같은 또래와의 놀이 수준이 발달하여 여러 명의 유아가 연합해서 놀거나 협동해서 놀이하게 된다. 여전히 상상력을 동원하여 상징놀이 하는 것을 즐기는데 자신이 알고 있는 것을 단순히 재연해 보는데 그치는 것이 아니라 구체적 상황, 즉 병원놀이, 가게놀이 등 그 속에서 일어나는 감정과 느낌, 생각을 표현하며 3세아보다 성인을 동일시하는 과정에 몰두한다.

또한 놀잇감을 단순하게 이용하기보다 더욱 새롭고 다양한 방법으로 활용할 줄 알게 되며 일과 사물에 대하여 다양한 관점으로 생각하며 일상생활에서 활용되는 기계나 도구의 조작에 관심을 가지고 위와 아래, 안과 밖과 같이 위치와 관련된 공간 개념도 발달한다.

이와 같은 발달적 특징을 반영하여 4세반에서 진행된 신나는 악기놀이 주제의 전개 과정 및 내용은 다음과 같다.

1. 주제 선정 및 주제 개념망 구성

주제의 발현

<이전 주제 '손이 하는 이야기'에서 발현되다>

'손이 하는 이야기'라는 주제를 진행할 때 손으로 할 수 있는 여러 가지 일들에 대해 알아보면서 유아들은 손으로 직접 무엇인가를 조작하고 소리 내는 것에 흥미를 보였다. 또한 주제 진행 시 초청되었던 학부모의 오카리나 연주와 중학교 형들의 플롯과 바이올린 연주 감상을 계기로 악기에 관심이 모아지기 시작하였다. 이에 교사는 유아들의 발달적 특징과 관심을 반영해 '신나는 악기놀이'라는 교육주제를 선정하였다.

주제가 선정 된 후 교사는 4세 유아의 발달적 특징을 고려하여 '신나는 악기놀이'라는 주제 속에서 다룰 수 있는 개념으로 〈악기에는 여러 종류가 있다〉, 〈악기에 따라 소리가 다르다〉, 〈악기를 만드는 다양한 재료가 있다〉, 〈악기는 다양한 방법으로 연주한다〉, 〈악기는 우리 생활에 다양하게 쓰이고 있다〉 등의 하위 개념을 선정하게 되었다. 교사에 의해 계획된 신나는 악기놀이 주제 개념망은 [그림 2-1]과 같다.

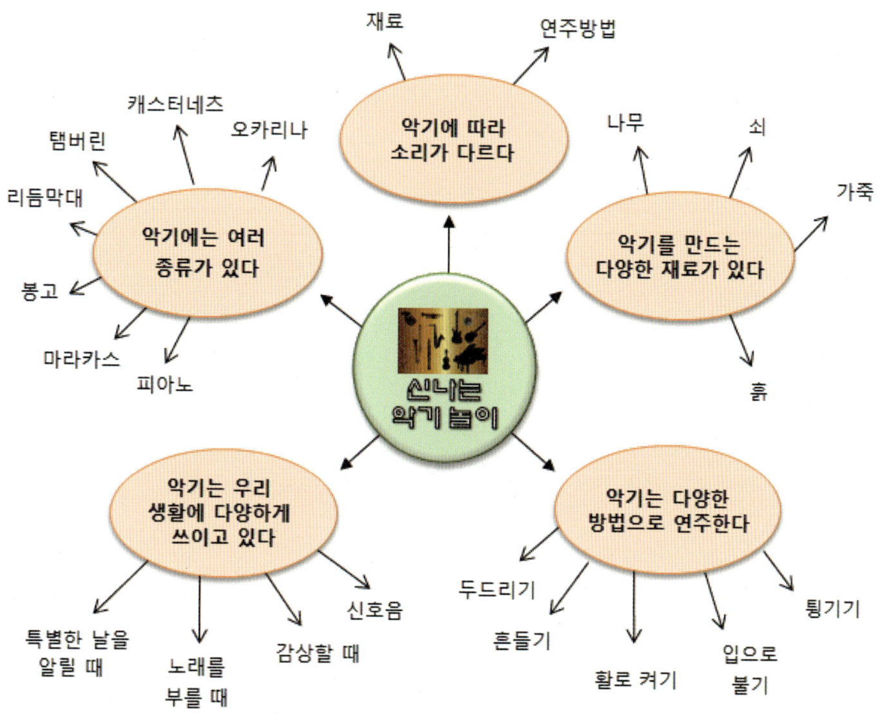

[그림 2-1] 교사에 의해 계획된 신나는 악기놀이 주제 개념망

2. 신나는 악기놀이 주제 전개 과정

신나는 악기놀이의 주제 탐구는 앞서 제시된 [그림 2-1] 교사에 의해 계획된 주제 개념망을 중심으로 도입, 전개, 마무리의 과정을 거치면서 전개되었다.

주제의 도입

<악기에 관심 가지기>

- 우리 집에서 가지고 온 악기 소개

주제를 시작하면서 유아들이 주말 동안 공연을 보고 왔던 경험을 이야기하였고 집에 있는 여러 가지 악기들을 가지고 와서 친구들에게 소개하는 시간을 가지면서 악기와 악기 연주에 더욱 많은 관심이 모아졌다.

- 교실에 있는 악기 알아보기

친구들의 악기 소개를 계기로 유아들은 우리 주변에서 볼 수 있는 여러 가지 악기의 이름과 모양에 관심을 가지게 되었고 먼저 교실에 있는 악기의 종류부터 알아보기로 하였다. 음률영역에 있는 여러 가지 악기의 생김새와 이름을 알아보면서 간단한 글과 그림으로 표상하는 활동을 하였고 교실에 있는 악기들 중에서 내가 좋아하는 악기를 가지고 나와 악기 이름과 좋아하는 이유를 소개하는 시간도 가져보았다. 이 활동을 그래프 활동으로 연결하여 나뿐만이 아니라 친구들이 좋아하는 악기에도 관심을 가질 수 있었다. 유아들은 교실에 있는 악기를 알아보고 그래프 활동을 하는 과정에 평상시에는 관심이 없었던 악기의 이름과 종류에 보다 많은 관심을 나타내었다.

주제의 전개

<악기에는 여러 종류가 있다>

• 다른 나라 악기

교실에서 볼 수 있는 악기 말고 다른 악기들도 있을 것이라는 유아들의 생각을 반영해 악기점에 현장학습을 가게 되었는데 그곳에서 유아들은 전문가로부터 악기에 대한 궁금증을 질문하고 다양한 종류의 악기를 직접 만져보고 소리를 들어보는 시간을 가질 수 있었다. 또한 유아들의 관심을 확장하여 아프리카 박물관, 별난 물건 박물관, 소리섬 박물관 등 지역사회에 있는 악기 관련 박물관으로 현장학습을 가서 평소에 보지 못했던 세계 여러 나라의 악기와 우리나라 전통 악기를 관찰하면서 우리 주변에서 볼 수 있는 악기와 박물관에서 볼 수 있는 악기의 종류를 알게 되었고 악기의 종류에 대한 개념을 구체화시킬 수 있었다. 현장견학 후 유아들은 쌓기놀이 영역에서 악기점을 구성하고 교실에 있는 악기와 유아들이 만든 악기(악기점에서 보고 온 악기를 표상한 것)를 이용하여 악기 가게 놀이를 하면서 악기와 관련된 직업과 역할을 재현해 보았다.

• 우리나라 악기

유아들은 이 과정에서 우리가 여태까지 살펴본 악기는 다른 나라 악기가 대부분이라는 점을 인식하게 되었고 우리나라 악기에 대해서도 알아보고자 하였다. 교사는 초기 계획에 없었던 '우리나라 악기'를 주제 개념망에 추가하였고 국악기점과 전통악기 박물관을 현장학습 장소로 선정하게 되었다. 또한 국악선생님을 초청하여 유아들은 다양한 우리나라 악기를 직접 만져보고 연주하는 직접 경험을 가지게 되었으며 유아들은 장구 치기와 장단 익히기, 국악동요 등을 배우기도 하였다.

<악기 소리 탐색하기>

- 악기를 만드는 다양한 재료가 있다

유아들은 악기의 종류를 알아보고 탐색하던 중 악기마다 만져본 느낌과 소리, 만들어진 재료들이 다르다는 것을 발견하였고 악기의 모양을 탐색하다가 악기를 구성하고 있는 재료와 재료마다 다르게 들리는 소리에 관심이 확장되기 시작하였다. 유아들은 악기들이 각각 나무, 쇠, 가죽, 플라스틱, 줄 등의 재료로 만들어졌으며 재료마다 소리가 다르다는 것을 발견하였고 악기를 재질별로 분류하여 소리를 탐색해 보았다.

- 악기는 재료에 따라 소리가 다르다

먼저 악기를 연주하면서 각 악기의 소리를 탐색해 보고 어떤 소리가 나는지 간단하게 말과 글로 표현해 보는 활동을 하였다. 그러면서 유아들은 같은 악기라도 악기를 이루고 있는 재질(쇠, 가죽 등)에 따라 소리가 조금씩 다름을 발견하여 악기의 재료를 탐색하게 되었다. 교실에 있는 악기는 어떤 재료로 만들어져 있는지 손으로 만져보며 느낌을 이야기하였고 같은 재료로 만들어진 악기별로 나누어보는 활동을 하였다. 유아들은 나무로 만들어진 악기, 쇠로 만들어진 악기, 가죽으로 만들어진 악기 등 재료에 따라 악기를 분류하고 소리를 비교해 보며 나무로 만들어진 악기는 '딱딱딱', '툭탁툭탁' 하고 조금 둔탁한 소리가, 쇠로 만들어진 악기는 '찰찰찰', '댕댕댕' 하고 맑은 소리가 난다고 표현을 하였다. 이처럼 재료에 따라 연주할 때 나는 소리가 다름을 좀 더 명확하게 인식하게 되었고 알게 된 개념을 유목화하여 기록하였다.

• 악기는 연주 방법에 따라 소리가 다르다

이와 동시에 같은 악기라도 연주 방법(두드릴 때와 흔들 때)에 따라 소리가 다름을 발견하였다. 그러면서 두드려서 소리를 내는 악기, 흔들어서 소리를 내는 악기, 긁어서 소리를 내는 악기, 입으로 불어 소리 내는 악기, 줄을 당기거나 튕겨서 소리를 내는 악기, 소리를 내는 도구를 이용해서 연주하는 악기 등 연주 방법에 따라 악기를 나누어보았고, 같은 재료로 만든 악기라도 연주 방법에 따라 소리가 조금씩 달라짐을 비교하게 되었다. 또한, 소리섬 박물관 현장학습을 통해 악기의 소리가 나는 원리에 대한 설명을 들을 수 있었고, 직접 여러 가지 악기를 연주해 보는 경험을 가지면서 악기와 소리와의 관계, 악기를 소리 내는 방법에 대해 좀 더 정확히 이해할 수 있는 계기가 되었다. 이렇게 악기 소리를 내어보면서 작은 소리, 큰 소리 등 소리를 조절해 보는 실험을 해 보았고, 이 경험을 연결하여 '살금살금' 걷기 게임을 하며 신체를 조절하여 소리를 내지 않고 돌아오는 게임을 하였다. 또한 '예쁜 종소리' 동요를 친구들과 함께 각자 자신이 가지고 있는 한 가지 악기를 연주하며 각 악기가 가진 음색을 비교하며 소리의 차이를 발견하였다.

<악기 만들기>

또한 소리와 연주 방법을 충분히 탐색한 후에 여러 가지 재료를 이용하여 직접 악기를 만드는 활동으로 연결하여 3차원적으로 표상을 하였으며 친구들에게 자신이 만든 악기에 대해 연주하는 방법과 다양한 소리를 낼 수 있음을 시범보이며 소개하는 시간을 가졌다. 또한 유아들이 직접 흙을 빚어 만든 도자기 가마에 구운 피리와 차임벨 악기는 매우 유용한 음률놀이 영역의 활동자료가 되었다.

<악기는 우리 생활에 다양하게 쓰이고 있다.>

"악기는 연주할 때만 사용할까?"라는 궁금증을 토대로 악기가 쓰이는 곳에 대해 이야기를 나누었다. 유아들은 노래 부를 때, 음악회에 갔을 때, 피아노 연주회 등 음악회나 공연장에서의 경험과 음률영역에서 악기놀이 할 때, 게임할 때 신호음, 고등학교 방문 시 현장학습에서 보았던 언니, 오빠들이 밴드를 연주하거나 오케스트라 연주할 때 사용한 악기들, 결혼식과 생일파티 때, 슬픈 일이 있을 때 등 특별한 날에 악기가 이용된다는 생각들을 모았다. 이것을 다시 문화예술, 유치원이나 학교에서, 특별한 날 등으로 묶으면서 이렇게 다양한 상황에서 악기가 사용되고 있다는 것을 재인식하며 여러 가지 활동으로 놀이가 이루어졌다.

- 숲 속의 동물 콘서트 음악극 놀이

가정에서 보내준 '도깨비 콘서트'라는 동화책을 동화 속 배경 음악이 들어있는 동화테이프를 활용하여 들려주었는데 간단하고 반복적인 대사가 재미있어서 즉흥적으로 유아들과 음악극 활동을 하게 되었다. 이 활동을 계기로 이 동화를 '숲 속의 동물 콘서트'라는 이름으로 음악극 동화로 개작을 하고 필요한 악기와 소품을 준비하여 음악극 활동으로 전개하였다.

- 뮤직맵을 통한 음악 감상하기

무엇이든 몸으로 먼저 느끼고 경험하는 유아들의 특성을 고려하여 '뮤직맵'이라는 매체를 적용하여 음악 감상 활동을 하였다. 뮤직맵 활동은 음악의 높낮이와 길이, 빠르기를 눈으로 확인하고 여러 가지 소품(천, 인형, 뮤직맵 북)을 이용하여 몸으로 음악을 표현해 보는 활동이다. 유아들은 음악을 시각적으로 확인하고 느껴봄으로써 악기로 소리의 높낮이와 길이를 다양하게 표현할 수 있음을 재확인하였다.

- 멋진 현악 4중주 공연 관람

주말 동안 가족과 함께 공연을 보았던 경험, 자신이 직접 음악 연주회를 했던 경험, 친구들 앞에서 악기 연주를 해 보았던 경험들이 모이면서 실제 '악기 공연'은 어떤 모습일지 궁금증을 가지게 되었다. 지역사회에 마땅한 공연 소식이 없어 고민 하던 중, 현악 4중주를 하는 분들을 알게 되어서 유치원으로 초대를 하게 되었다.

연주자를 초대하기 전에 '오케스트라의 멋진 연주'라는 동화를 들려주며 현악 4중주 앙상블 팀이 우리 유치원에 오시게 될 것임을 알리고 음악 연주회 공연을 감상할 준비와 함께 악기와 연주에 대해 질문할 궁금증을 알아보기로 하였다.

현악 4중주 앙상블이 연주하는 음악을 감상하며 비올라, 바이올린1, 바이올린2, 첼로의 실제 연주 소리를 들어보면서 각 악기의 음색을 탐색하고 비교해 보는 시간을 가졌다. 또한, 악기 연주에 맞추어 노래도 불러보고 연주하는 모습을 관찰하면서 '악기를 이용한 공연이 참 멋지구나!'라는 생각이 유아들 마음속에 조금씩 피어오르기 시작하였다.

주제의 마무리

• 우리들도 현악 4중주 앙상블 연주가처럼!

주제가 전개되어지는 동안 유아들은 악기의 종류에 대해 알아보고 악기를 탐색하면서 '소리'를 다양하게 표현할 수 있게 되었을 뿐 아니라 다양한 재료로 만들어진 악기와 그에 따른 연주 방법에 관심이 확장되었다. 연주 방법을 알아가게 되면서 계속적으로 '소리 탐색'이 이루어졌고 주변에서 볼 수 있는 악기와 박물관에서 볼 수 있는 악기들을 직접 탐색하면서 악기의 구조와 소리가 나는 원리를 인식하게 되었으며 다양한 재료로 악기 만들기 활동을 통해 3차원으로 표상해 보는 경험을 가질 수 있었다. 이러한 과정 속에서 유아들은 악기를 다루는 방법을 재인식하고 악기놀이를 신체표현과 연결하면서 다양한 표현 방법을 알게 되었다. 또한 현악 4중주 공연을 관람하면서 공연에 대한 관심이 높아지고 자신들이 직접 공연을 열고 싶다는 생각을 가지게 되었다.

• 우리가 불렀던 노래를 악기로 연주해요!

공연을 보고 나서 유아들은 직접 공연을 열기로 하고 초대 대상을 고민하던 중 유아들은 자신들의 모습을 가장 자랑하고 싶은 대상인 부모님을 초대하고 싶다고 이야기하여 부모님을 초대하기로 하였다. 그리고 공연을 계획하기 위해 유아들은 어떤 공연을 할지, 무엇을 만들지(필요한 물건, 자료) 의논하는 시간을 가졌다. 유아들은 지금까지 유치원에서 신나게 불러 보았던 노래를 부르며 악기를 연주하면 좋을 것 같다는 의견을 제시하였고 악기놀이 주제를 진행하면서 재미있었던 '숲 속 동물들의 콘서트' 동극도 보여드리고 싶다고 하였다. 유아들과 교사의 생각을 모아 공연의 내용을 구성하고 공연에 필요한 자료들과 소품, 그리고 포스터, 간판, 초대장 등 공연을 알리기 위한 자료들을 함께 만들며 공연을 위한 준비를 하였다.

• '아주 멋진 악기 콘서트'

유치원의 작은 강당을 공연장으로 구성하여 부모님을 초대, '아주 멋진 콘서트'라는 이름의 공연을 열었다. 그동안 유치원에서 즐겁게 불렀던 노래들과 탐색했던 악기 연주, 재미있는 동극과 노래극 등 다양한 형태로 유아들은 자신들이 그동안 열심히 준비하였던 악기 콘서트를 친구들과 선생님들 그리고 부모님께 공연으로 보여드림으로써 '신나는 악기놀이' 주제를 마무리 할 수 있었다.

유아들에게 주제 마무리의 콘서트는 악기와 소리에 대해 알아보았던 내용들을 통합된 개념으로 재구성하는 소중한 시간이 되었다. 이러한 모든 과정에 유아들은 능동적이고 스스로 탐구하고 자기 주도적으로 이끌어 나갔을 뿐 아니라 자신에 대한 믿음은 자신감으로, 친구에 대한 신뢰는 타인에 대한 존중감으로 나타난

값진 경험이었다. 이상에서 제시한 신나는 악기놀이 주제 전개 과정의 흐름은 다음의 [그림 2-2]와 같다.

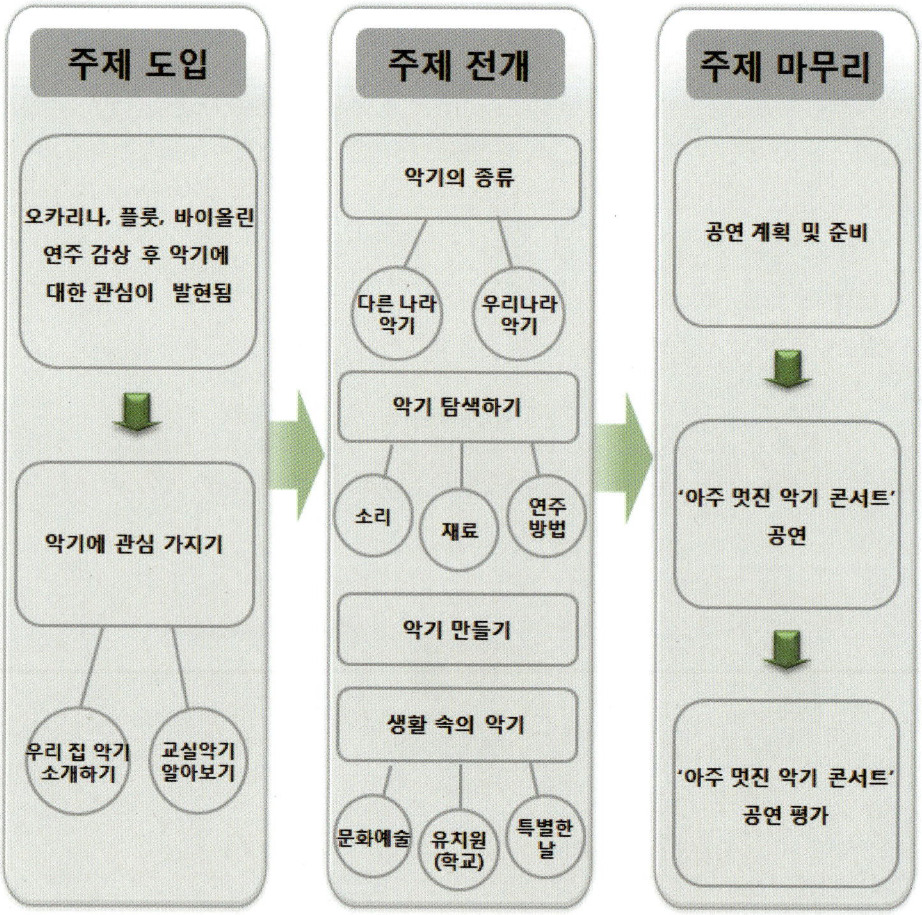

[그림 2-2] 신나는 악기놀이 주제 전개 과정

3. 주제 전개 과정에서 실행된 주제 개념망

주제가 진행되어 가는 과정에서 교사에 의해 계획된 주제 개념망의 내용 중 일부는 수정되었거나 확장 · 심화되었다. 〈악기에는 여러 종류가 있다〉의 다른 나라 악기에 첼로, 바이올린, 하모니카, 기타, 장구, 북, 비올라, 우리나라 악기에 꽹과리, 소고, 장구, 징, 가야금, 피리 등이다. 〈악기를 만드는 다양한 재료가 있

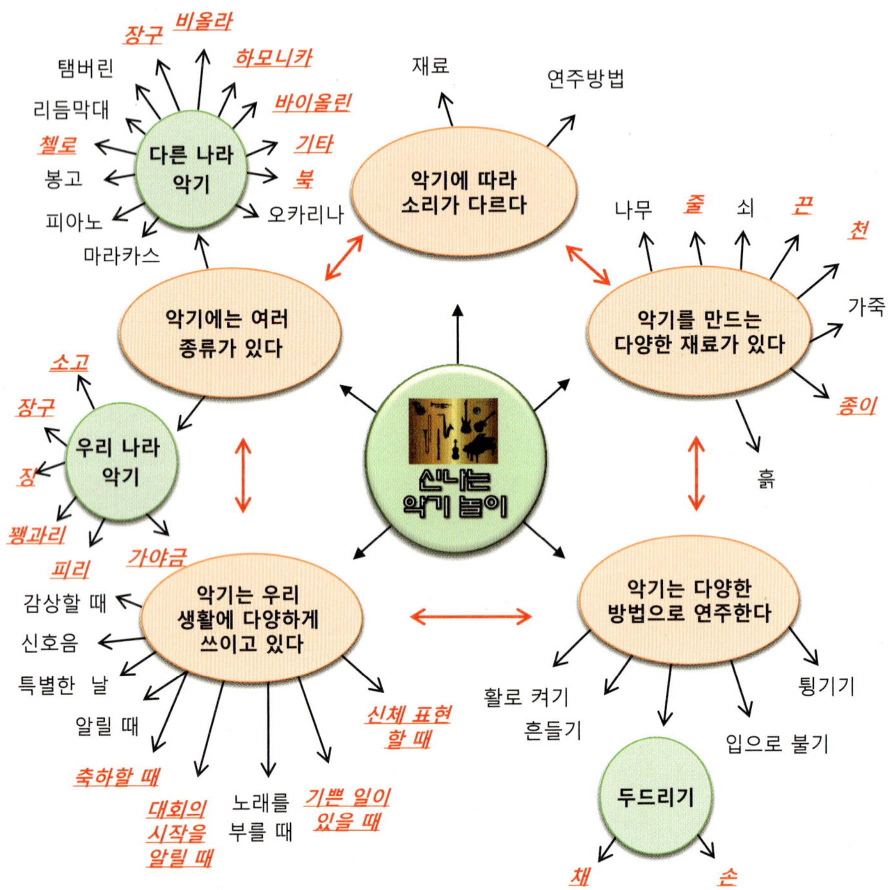

[그림 2-3] 신나는 악기놀이 주제 전개 과정에서 실행된 주제 개념망

다〉에 줄, 끈, 천, 종이, 〈악기는 다양한 방법으로 연주한다〉의 두드리기에 채와 손, 〈악기는 우리생활에 다양하게 쓰이고 있다〉에 축하할 때, 대화의 시작을 알릴 때, 기쁜 일 있을 때, 신체표현 할 때 등의 개념이 추가 · 확장되었다. 주제 탐구 과정은 교사 계획과 순서에 의해 이루어지기보다는 유아의 관심에 따라 문제 인식, 조사와 탐구, 현장학습과 체험, 표상과 놀이, 참여와 실천 등이 순환적으로 이루어졌다.

신나는 악기놀이 주제 전개 과정에서 실행된 주제 개념망은 [그림 2-3]과 같다. 적색의 밑줄 그은 이탤릭체 표기는 주제 전개 과정에서 추가 확장된 내용이다.

4. 신나는 악기놀이 주제 전개의 특징

만 4세반 신나는 악기놀이 주제 전개 과정에서 나타난 특징을 간략히 정리해 보면 다음과 같다.

첫째, 주제의 내용이 유아들의 악기놀이에 대한 관심에서 출발하였으며 악기 소리 탐색, 악기의 종류와 재료, 연주 방법 등을 탐색하며 주제의 마무리 활동으로 악기 공연을 선정함으로써 악기와 소리의 개념을 통합하였다.

둘째, 주제를 통해 악기에 대한 소리 탐구 뿐 아니라 여러 가지 매체와 다양한 표상활동으로 표현의 범위를 확대하였다.

셋째, 유아들은 주제를 진행하면서 악기와 소리에 대한 개념을 재구성하고 음률적인 감각이 향상되었다.

넷째, 유아들은 문제를 인식하고 해결해 나가는 과정에서 적극적인 실험과 탐색 및 탐구가 이루어지면서 다음 주제에 대한 기대감과 탐구적 성향이 관찰되었다.

Chapter 4

신나는 악기놀이
주제 탐구의 실제

만 4세 유아의 발달적 특성

신체적 기술 발달	• 신체적 균형 유지가 가능해지며 소근육 발달이 점차로 정교화되고 눈과 협응력이 발달하여 작은 조각들을 조립하여 구성하는 놀이를 즐김
사회적 기술 향상	• 친구에게 관심이 많아지고 타인을 고려하는 행동이 증가되며 같은 또래와의 놀이 수준이 발달하여 협동 또는 연합 놀이가 가능함
상징 놀이 즐김	• 자신이 알고 있는 것을 단순히 재연해 보는데 그치는 것이 아니라 구체적 상황 속에서 일어나는 감정과 느낌, 생각을 표현하며 3 세아보다 성인을 동일시하는 과정에 몰두함
공간개념 발달	• 일상생활에서 활용되는 기계나 도구의 조작에 관심을 가지고 위와 아래, 안과 밖과 같이 위치와 관련된 공간 개념도 발달됨

주제의 발현

이전 주제
'손이 하는 이야기'

오카리나 연주

플룻과 바이올린 연주

- 이전 주제 ‘손이 하는 이야기’ 주제 진행 시 초청되었던 학부모와 중학교 형들의 악기연주를 감상 후 유아들은 악기놀이에 관심이 모아지기 시작하였음

※ 교사는 유아들의 발달적 특징과 관심을 반영해 ‘신나는 악기놀이’를 교육주제로 선정하게 되었다.

교사가 계획한 주제 계획안

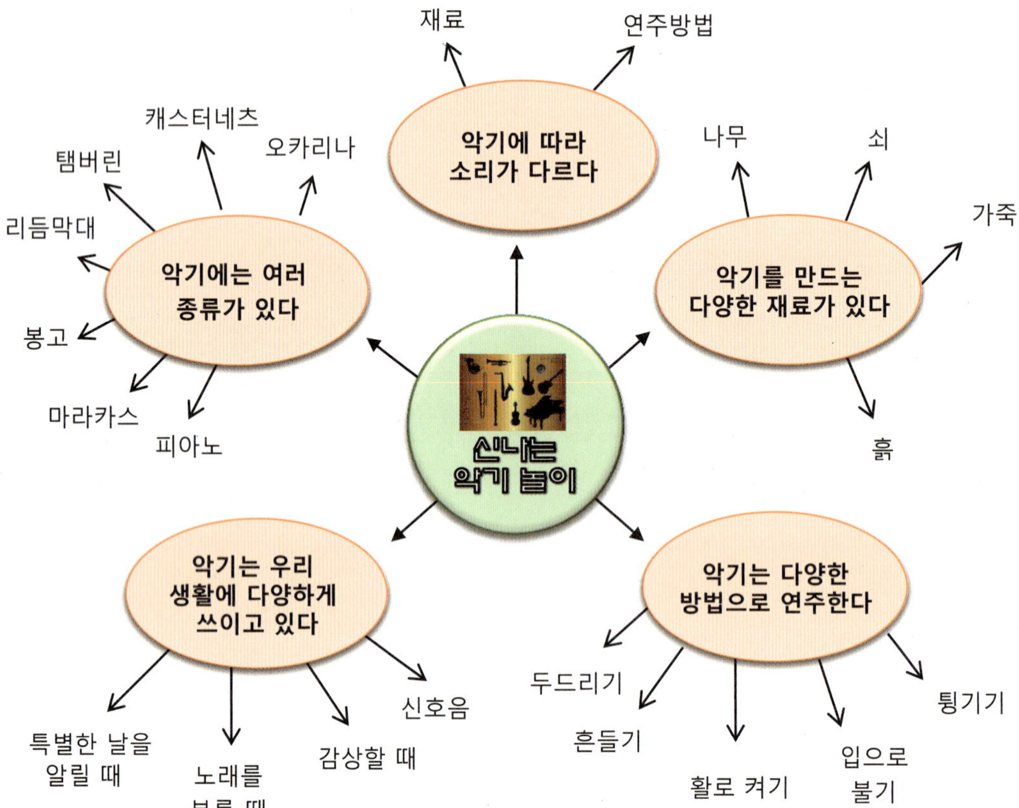

주제 전개 과정

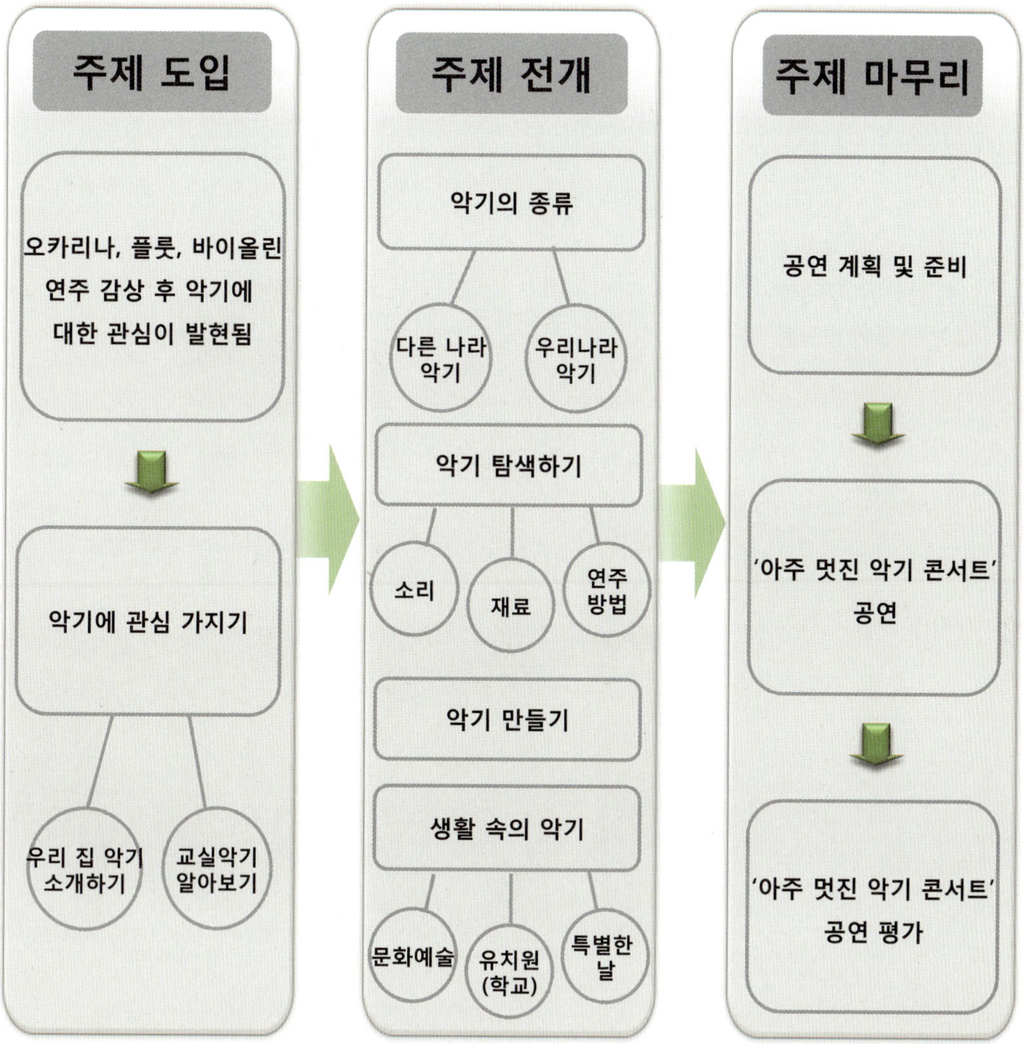
주제 도입
오카리나, 플룻, 바이올린 연주 감상 후 악기에 대한 관심이 발현됨
악기에 관심 가지기
우리 집 악기 소개하기
교실악기 알아보기
주제 전개
악기의 종류
다른 나라 악기
우리나라 악기
악기 탐색하기
소리
재료
연주 방법
악기 만들기
생활 속의 악기
문화예술
유치원 (학교)
특별한 날
주제 마무리
공연 계획 및 준비
'아주 멋진 악기 콘서트' 공연
'아주 멋진 악기 콘서트' 공연 평가

우리 주변의 악기 : 우리 집

주제 도입

오카리나, 플룻, 바이올린 연주 감상 후 악기에 대한 관심이 발현됨

악기에 관심 가지기

우리 집 악기 소개하기

교실악기 알아보기

우리 집 악기를 소개합니다!

- 자신이 가지고 온 악기를 친구들에게 소개하고 이전 경험나누기
- 친구들의 경험과 악기연주를 감상하며 악기에 대한 관심이 점차 확장됨

"이 악기의 이름은 무엇이니?"
" 이 악기는 가족 중 누구의 악기이니?"
"어떤 방법으로 연주하는 악기일까?

"이렇게 입으로 후~불어요."

하모니카

"멜로디언은 입으로 호스를 불고 손가락으로 건반을 누르면 돼요!"

"바이올린은 활로 줄을 문지르면 소리가 나요."

멜로디언

바이올린

집에서 가져온 악기를 친구들에게 소개하기

우리 주변의 악기 : 교실

주제 도입

오카리나, 플룻, 바이올린 연주 감상 후 악기에 대한 관심이 발현됨

↓

악기에 관심 가지기

- 우리 집 악기 소개하기
- 교실악기 알아보기

우리 교실에 어떤 악기가 있을까?

• 음률영역에 있는 여러 가지 악기를 만져보고 소리 내어 봄

"우리 교실에서 악기들이 모여 있는 곳은 어디일까?"
" 악기를 찾았구나. 이 악기의 이름은 뭐니?"
"이 악기는 어떻게 해야 소리가 날까?"

우리 교실의 악기 탐색하기

※ 다양한 악기 탐색을 위해 음률영역에 여러 종류의 악기를 풍부하게 제공하여 악기 소리를 탐색할 수 있도록 한다.

우리 주변의 악기

주제 도입

오카리나, 플룻, 바이올린 연주 감상 후 악기에 대한 관심이 발현됨

↓

악기에 관심 가지기

- 우리 집 악기 소개하기
- 교실악기 알아보기

우리 주변에는 어떤 악기들이 있을까?

"우리 집과 교실에서 찾은 악기를 한데 모아 볼까?"
"여기의 악기들은 같은 소리를 낼까?"
"내가 찾은 악기와 같은 그림을 찾아 보자."

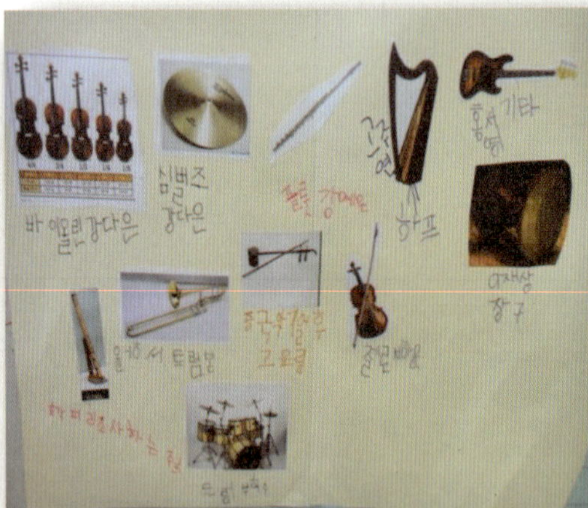

우리 주변의 악기 조사하기

※ 교사는 글에 익숙하지 않은 4세 유아를 위해 다양한 악기 사진을 명칭과 함께 제시해 준다. 이때, 유아가 자신이 찾은 악기 그림에 악기 이름을 쓰고 싶어하는 유아를 위해 글자 카드를 준비한다.

우리 주변의 악기

주제 도입

오카리나, 플룻, 바이올린 연주 감상 후 악기에 대한 관심이 발현됨

↓

악기에 관심 가지기

- 우리 집 악기 소개하기
- 교실악기 알아보기

우리들이 좋아하는 악기는 무엇일까? : 그래프

"네가 가장 좋아하는 악기는 무엇이니?"
"왜 이 악기를 좋아하니?"

"내가 좋아하는 악기는 캐스터네츠야~ '딱딱딱' 소리가 좋고 동그란 모양이 귀여워!"

우리들이 좋아하는 악기 그래프

※ 다른 친구들은 어떤 악기를 좋아하는지 알아보면서 악기의 특징과 종류에 좀 더 많은 관심을 가질 수 있다.

악기의 종류 : 다른 나라 악기

주제 전개

- 악기의 종류
  - 다른 나라 악기
  - 우리나라 악기
- 악기 탐색하기
  - 소리
  - 재료
  - 연주 방법
- 악기 만들기
- 생활 속의 악기
  - 문화예술
  - 유치원 (학교)
  - 특별한 날

악기점에서 만난 악기들!

• 유아들의 악기 탐색이 계속 이루어지면서 악기의 종류에 대해 더 알아보기 위해 악기점을 방문함

악기 설명

"어? 우리 교실에는 없는 클라리넷도 있네~"
"바이올린이 큰 것도 있고 작은 것도 있다~"

"여긴 우리 교실에 있는 악기는 없네~"
"트라이앵글도 없고, 캐스터네츠도 없어, 아~ 마라카스는 있다."

시범 연주

※ 그동안 우리 집과 교실에서 볼 수 있었던 악기를 조사하고 탐색한 후 교사는 유아들의 악기에 대한 관심을 확장시키기 위하여 후속활동으로 악기점과 악기 관련 박물관에 현장체험학습을 가기로 계획하였다.

※ 현장체험 장소로 악기점을 섭외하면서 유아들이 악기를 직접 만지며 탐색할 수 있는 기회를 제공받을 수 있는지 알아보면 유아들의 악기 개념 형성에 도움이 된다.

• 유아들은 콩가, 드럼, 기타, 클라리넷 등 교실에서 볼 수 없었던 다양한 악기를 접하면서 악기 종류에 대한 범주를 넓힐 수 있는 좋은 기회가 되었음

악기의 종류 : 다른 나라 악기

악기가 더 궁금해졌어요!

• 교실에 있는 악기책을 보거나 교사의 도움으로 잡지나 인터넷에서 악기 그림을 찾아 붙이고 유아가 직접 그림을 그려 유목화하기

"이 악기는 어느 나라의 악기일까?"
"악기를 어떻게 나눌 수 있을까?"

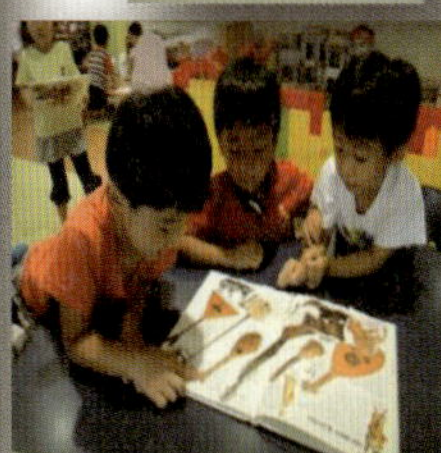

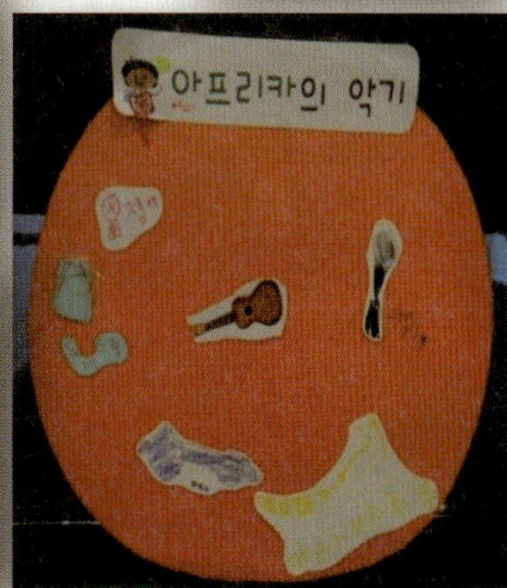

아프리카 악기와 다른 나라 악기의 생각모으기

• 악기점에서 보았던 악기 중 우리 주변에서 흔히 볼 수 없는 악기에 관심이 집중되었으며 이러한 악기들이 다른 나라 악기라는 것을 새롭게 인식함

※ 교사는 유아들의 이러한 관심을 확장하기 위하여 다른 나라 악기를 더 많이 볼 수 있는 아프리카 박물관과 별난 물건 박물관으로 현장체험학습을 가기로 계획하고 다문화에 대한 관심으로 연결하기로 하였다.

악기의 종류 : 다른 나라 악기

주제 전개

- 악기의 종류
  - 다른 나라 악기
  - 우리나라 악기
- 악기 탐색하기
  - 소리
  - 재료
  - 연주 방법
- 악기 만들기
- 생활 속의 악기
  - 문화예술
  - 유치원(학교)
  - 특별한 날

아프리카 박물관에서 만난 다른 나라 악기들!

사바-크고 높은 소리

젬베-아프리카의 영혼

마라카스

둥둥-다섯개의 북

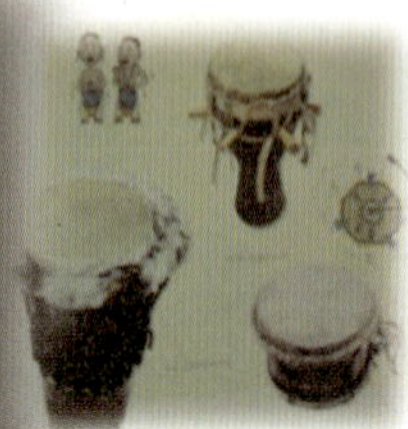

아쉬코 등 타악기

세누포 옆북

아프리카 박물관에서 만난 악기들

악기의 종류 : 다른 나라 악기

여러 박물관에서 발견한 악기들!

• 별난 물건 박물관과 소리섬 박물관에 전시되어 있는 여러 종류의 악기를 관찰하고 직접 연주하며 탐색함

"어떤 소리가 나니?" , "어떻게 하니 소리가 났니?"
"이렇게 생긴 악기를 본 적 있니? 악기 이름이 무엇일까?"
"어느 나라 악기일까?"

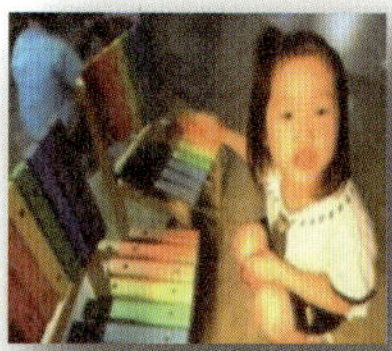

현장학습 후 표상

• 박물관에서 악기를 탐색하는 과정에서 악기에서 나는 소리에 관심을 보임

※ 박물관 견학 후 표상하기 활동을 통해 유아의 악기에 대한 재개념을 확인할 수 있었다.

악기의 종류 : 우리나라 악기

주제 전개

- 악기의 종류
  - 다른 나라 악기
  - 우리나라 악기
- 악기 탐색하기
  - 소리
  - 재료
  - 연주 방법
- 악기 만들기
- 생활 속의 악기
  - 문화예술
  - 유치원(학교)
  - 특별한 날

우리나라 악기가 궁금해졌어요 : 전통악기 박물관

• 우리나라 전통악기를 알아보기 위해 국악기점과 전통 악기 박물관 현장학습

"우리나라 악기에는 어떤 것들이 있을까?"
"장구는 어떤 소리가 날까?"
"아프리카 박물관에서 본 악기와 어떻게 다르니?"
"징(퉁소)은 어떻게 소리를 내는지 관찰해 보자."

국악기점의 전문가

※ '우리나라 악기' 추가 : 교사가 계획한 주제 개념망 초기계획에 '우리나라 악기'가 누락되었음을 인식하고 유아의 관심을 확장시키기 위하여 초기 계획에 누락된 '우리나라 악기'를 주제 개념망에 첨가하였다.

• 현장학습은 전통악기의 종류에 대해 개념을 구체화할 수 있었음

악기의 종류 : 우리나라 악기

주제 전개

- 악기의 종류
  - 다른 나라 악기
  - 우리나라 악기
- 악기 탐색하기
  - 소리
  - 재료
  - 연주 방법
- 악기 만들기
- 생활 속의 악기
  - 문화예술
  - 유치원(학교)
  - 특별한 날

우리나라 악기가 궁금해졌어요! : 조사하기

"우리나라 악기에는 무엇이 있을까?
"이것은 어떤 악기일까?
"무엇으로 만들었을까?"
" 어떻게 소리를 낼까?"
"이 악기는 어느 때 사용하는 걸까?

우리나라 악기 조사하기

※ 교사는 다양한 악기 사진을 오릴 수 있도록 준비하고 악기 이름을 쓰고 싶어하는 유아를 위해 그림 글자 카드도 함께 준비한다.

악기의 종류 : 우리나라 악기

주제 전개

- 악기의 종류
  - 다른 나라 악기
  - 우리나라 악기
- 악기 탐색하기
  - 소리
  - 재료
  - 연주 방법
- 악기 만들기
- 생활 속의 악기
  - 문화예술
  - 유치원 (학교)
  - 특별한 날

국악 선생님들이 오셨어요!

• 전통악기에 대해 더 알아보기 위하여 전통악기 전문가를 유치원에 초청함

"국악인사는 이렇게 해요! 안녕~ 허이 안녕~ 허이 안녕하세요~~"

"따채는 이렇게 잡는 거란다."

국악 선생님과 한마당

• 국악 선생님과 장구의 기본 장단과 장구는 어떻게 소리가 나는지 알아봄

악기의 종류 : 우리나라 악기

주제 전개

- 악기의 종류
  - 다른 나라 악기
  - 우리나라 악기
- 악기 탐색하기
  - 소리
  - 재료
  - 연주 방법
- 악기 만들기
- 생활 속의 악기
  - 문화예술
  - 유치원(학교)
  - 특별한 날

우리나라 악기놀이 재미있어요!

• '덩덕쿵~ 우리나라 악기' 동시에 나오는 전통악기를 연주하며 동시 감상하기

"덩덩 쿵덕쿵"

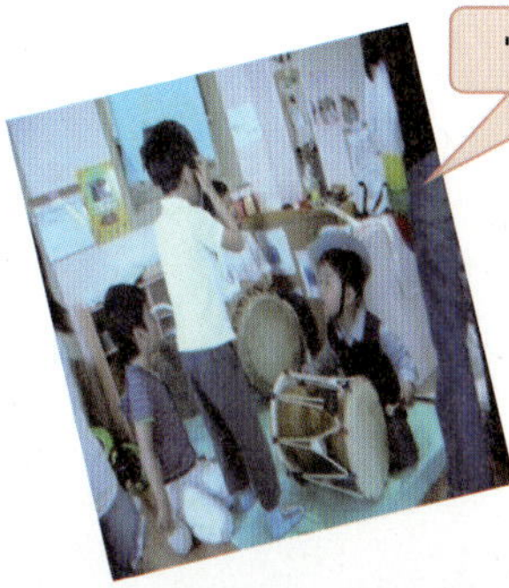

벅벅벅벅~
덩덩덩덩~
개갱개갱~

"동시에 나오는 악기를 가지고 동시를 낭송하며 함께 악기를 연주해 보았어요!"

동시 감상과 국악기 놀이

악기의 종류 : 우리나라 악기

주제 전개

- 악기의 종류
  - 다른 나라 악기
  - 우리나라 악기
- 악기 탐색하기
  - 소리
  - 재료
  - 연주 방법
- 악기 만들기
- 생활 속의 악기
  - 문화예술
  - 유치원(학교)
  - 특별한 날

장구 연주하기 : '쿵도령 따아씨'

"음악에 맞춰 장구를 연주하려면?"
"쿵 소리는 어떻게 연주하는 걸까?"
"딱은 어떤 채로 치는 걸까?"

신나는 장구 교실

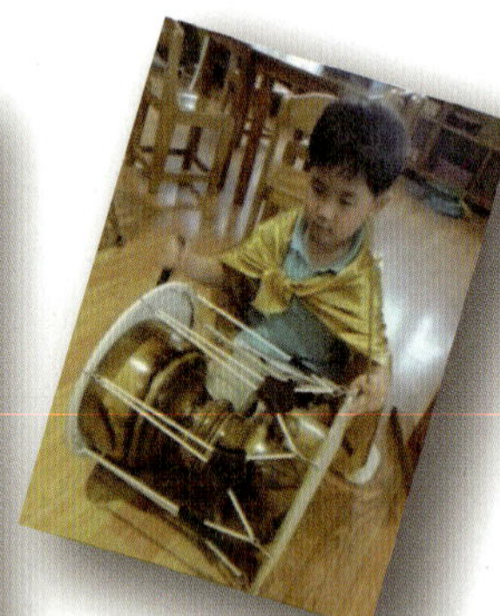

- '쿵도령 따아씨' 국악동요를 노래에 맞춰 장구 연주를 해요.

악기의 종류 : 악기 가게 놀이

주제 전개

- 악기의 종류
  - 다른 나라 악기
  - 우리나라 악기
- 악기 탐색하기
  - 소리
  - 재료
  - 연주 방법
- 악기 만들기
- 생활 속의 악기
  - 문화예술
  - 유치원 (학교)
  - 특별한 날

악기 가게 놀이를 하려면 : 계획하기

- 유아들이 악기점과 박물관 견학 후 쌓기놀이 영역에서 악기 가게 놀이를 하기 위하여 유아들과 함께 계획하기

"악기 가게 놀이를 하려면 무엇이 필요할까?"
"어떤 악기들이 필요하니?"
"악기 가게에서 일하는 사람들은 누가 있을까?"
"악기 가게 사람들이 하는 일은 무엇이었지?"

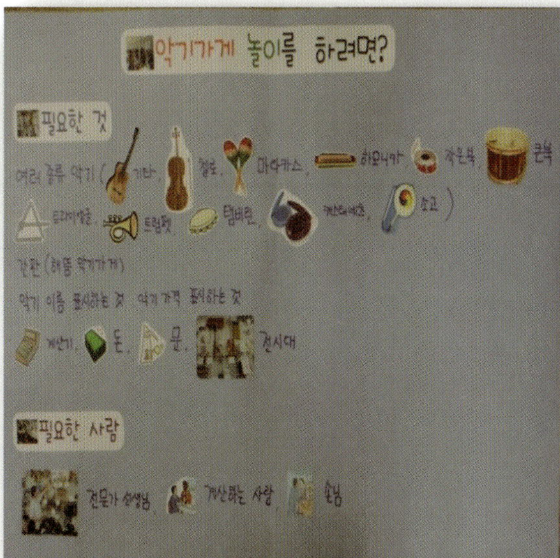

악기 가게 놀이 계획하기

악기의 종류 : 악기 가게 놀이

주제 전개

- 악기의 종류
  - 다른 나라 악기
  - 우리나라 악기
- 악기 탐색하기
  - 소리
  - 재료
  - 연주 방법
- 악기 만들기
- 생활 속의 악기
  - 문화예술
  - 유치원 (학교)
  - 특별한 날

재미있는 악기 가게 놀이

• 쌓기놀이 영역에 설계도대로 악기 가게를 구성하고 역할놀이로 확장함

"악기점은 어떻게 구성해야 할까?"
"악기는 어떻게 진열해야 할까?"
"손님은 악기에 대해 무엇이 궁금할까? 무엇을 질문해야 할까?"
"주인은 손님에게 악기에 대해 어떻게 소개해야 할까?"

악기 가게 구성과 놀이

• 악기 가게 현장 학습경험을 회상하며 여러 가지 블록으로 악기 가게를 구성하고 역할놀이 영역과 통합하여 악기 가게 놀이가 확장됨

※ 유아들은 악기 가게 놀이를 통해 악기의 특성에 따라 악기를 분류할 수 있었으며 악기점 주인은 손님에게 악기의 특성을 비교적 상세하게 안내하고 손님은 주인에게 소리의 음색과 연주 방법 등을 질문하게 되었다.

악기 탐색 : 소리

주제 전개

- 악기의 종류
  - 다른 나라 악기
  - 우리나라 악기
- 악기 탐색하기
  - 소리
  - 재료
  - 연주 방법
- 악기 만들기
- 생활 속의 악기
  - 문화예술
  - 유치원(학교)
  - 특별한 날

여러 가지 악기 소리 탐색하기

- 박물관 견학 후 악기 소리에 관심이 모아졌고 악기를 탐색하면서 악기의 재료마다 어떤 소리가 나는지 궁금증이 생겨 악기 소리에 집중하여 탐색함

"어떻게 하면 소리가 날까?"
"줄을 튕겼을 때는 어떤 소리가 났니?"
"선생님의 손목이 어떻게 움직이는지 관찰해 보자."
"빠르게 흔들었을 때와 천천히 흔들었을 때 소리가 어떻게 다를까?"
"이 악기를 긁었을 때와 튕겼을(두드렸을) 때 소리가 어떻게 다른지 말해 보자."
"악기마다 소리의 느낌이 같니?"

악기 소리 탐색 방법 이야기 나누기

악기 탐색 : 소리

주제 전개

- 악기의 종류
  - 다른 나라 악기
  - 우리나라 악기
- 악기 탐색하기
  - 소리
  - 재료
  - 연주 방법
- 악기 만들기
- 생활 속의 악기
  - 문화예술
  - 유치원(학교)
  - 특별한 날

여러 가지 악기 소리 탐색하기

- '살금살금' 움직여 악기 소리 내지 않고 돌아오는 게임이며 신체로 소리를 조절하는 경험을 제공

"빨리 걸었을 때와 천천히 걸었을 때 들리는 소리가 어떻게 다르니?"

"어떻게 걸으면 방울 소리가 안 날까?"

'살금 살금' 걸어 보아요!

※ 사전활동으로 노래부르기, 악기 탐색 활동 등을 통해 작은 소리, 큰 소리를 조절하는 경험을 가질 수 있으며 북, 탬버린, 리듬막대 등의 악기를 활용하여 소리 조절 놀이를 할 수 있다.

악기 탐색 : 재료

주제 전개

- 악기의 종류
  - 다른 나라 악기
  - 우리나라 악기
- 악기 탐색하기
  - 소리
  - 재료
  - 연주 방법
- 악기 만들기
- 생활 속의 악기
  - 문화예술
  - 유치원 (학교)
  - 특별한 날

악기 재료가 다양해요! : 분류하기

• 악기 재료에 따라 악기 소리가 다름을 인식한 후 악기를 가죽, 쇠, 나무, 플라스틱 등 재료에 따라 구분해 보고 유목화함

"악기를 만졌을 때 어떤 느낌이 드니?"
"이 악기는 어떤 재료로 만들었을까?"
"탬버린은 가죽과 쇠도 있는데 어떻게 나누면 좋을까?"

악기는 무엇으로 만들어졌을까?

• 교사는 실물과 그림을 통해 악기의 재료에 대해 이야기를 나눔

※ 복합 재료로 이루어져 있는 악기들은 유아들에게 혼란을 줄 수 있다. 4세의 경우 유아들이 악기의 부분 중 쉽게 관찰된 부분이나 만져본 느낌을 바탕으로 분류, 유목화 한다. 단, 유아의 수준에 따라 복합분류도 가능하다.

악기 탐색 : 연주 방법

주제 전개

- 악기의 종류
  - 다른 나라 악기
  - 우리나라 악기
- **악기 탐색하기**
  - 소리
  - 재료
  - **연주 방법**
- 악기 만들기
- 생활 속의 악기
  - 문화예술
  - 유치원(학교)
  - 특별한 날

연주하며 멜로디언 소리 탐색하기

• 교사의 도움으로 입으로 불어 소리 내는 멜로디언 소리 탐색하기

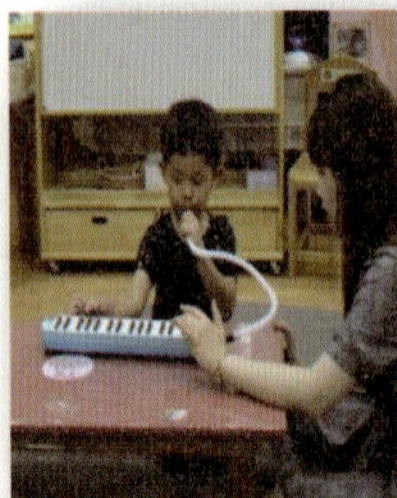

"멜로디언으로 연주하니까 정말 재미있어요!"

"구멍에 바람을 불면 소리가 나요!"

"선생님 소리가 잘 안나요. 너무 힘들어요!"

멜로디언 소리 탐색

• 유아들은 놀이시간에 입으로 불어서 소리 내는 멜로디언을 연주하며 멜로디언의 모양, 연주방법, 구멍, 소리 등에 대해 관심을 가짐.

• 또한 유아들은 모양, 연주방법, 구멍 등이 소리와 관련 있음을 발견하게 되어 여러 가지 연주방법에 대한 궁금증이 증대됨

※ 평가시간에 호스를 계속 세척하여 사용해야 하는 불편함과 입에 힘이 빠져 소리를 낼 수 없는 상황에 대한 문제가 제시되어 다음의 해결방법을 모색하게 되었다.

악기 탐색 : 연주 방법

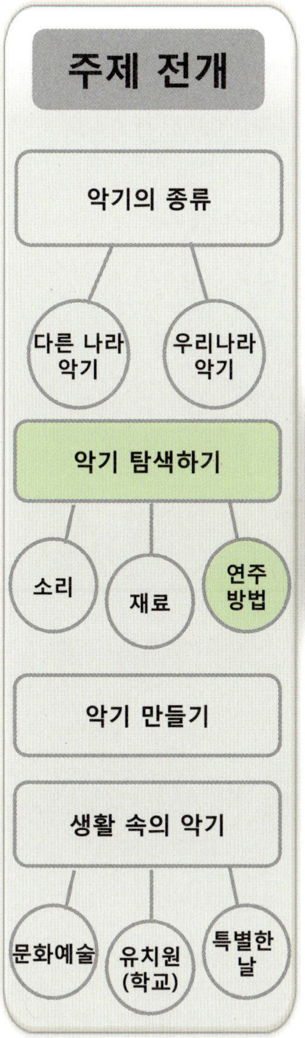

실험 : 바람으로 멜로디언 연주하기

- 에어컨 바람으로 멜로디언 소리를 낼 수 있을까?
- 여러 가지 바람 도구를 이용해 소리 만들기 실험하기

"풍선펌프를 이용해 봐요!"
"풍선을 불어서 바람으로 소리를 낼 수 있을 거 같아요!"
"드라이기 바람을 이용해서 연주할 수 있을까요?"
"에어컨 바람으로도 소리를 낼 수 있을까요?"

바람기구로 소리 생성 실험하기

- 유아들은 앞서 시행했던 입으로 불어 멜로디언 소리내기 활동에서 호스를 계속 세척해야 하는 문제와 유아들이 소리를 유지하기 위하여 비교적 긴 시간을 불어야 하는 데서 오는 어려움을 해결하기 위하여 여러 가지 방법을 제안함

- 유아들과 함께 찾은 바람을 만드는(나오는) 물건(풍선펌프, 에어컨, 풍선, 드라이기 등)을 탐색하고 바람을 만드는 물건으로 직접 멜로디언을 연주해보고 멜로디언 연주에 적합한 물건을 선택해보는 시간을 가짐

- 유아들은 그들의 호기심을 실험을 통해 알아보며 즐거워 함

악기 탐색 : 연주 방법

주제 전개

- 악기의 종류
  - 다른 나라 악기
  - 우리나라 악기
- **악기 탐색하기**
  - 소리
  - 재료
  - **연주 방법**
- 악기 만들기
- 생활 속의 악기
  - 문화예술
  - 유치원(학교)
  - 특별한 날

여러 가지 연주 방법

• 악기의 연주 방법에 따라 소리가 다르다는 것을 발견하게 되어 악기 연주 방법을 탐색함

"악기를 연주하는 방법에는 무엇이 있을까?"
"흔들어서 소리 내는 악기는 어떤 것들이 있을까?"
"○○은 △△과 연주 방법이 어떻게 다르니?"
"한 가지 악기는 한 가지 방법으로만 연주할 수 있니?"
"그렇다면 한 가지 악기에 연주할 수 있는
방법을 모두 찾아보자."
"또 다른 방법은 없을까?"

입으로 불기

손으로 두드리기

손으로 튕기기

흔들기

활로 켜기

채로 두드리기

두드려라~ 타악기 연주

• 악기의 형태에 따라 연주하는 방법이 달라지고 연주방법이 다르면 소리와 느낌도 달라짐을 알게 됨

악기 탐색 : 재료, 연주 방법과 소리

주제 전개

- 악기의 종류
  - 다른 나라 악기
  - 우리나라 악기
- 악기 탐색하기
  - 소리
  - 재료
  - 연주 방법
- 악기 만들기
- 생활 속의 악기
  - 문화예술
  - 유치원(학교)
  - 특별한 날

재료와 연주 방법에 따른 소리 탐색

"재료에 따라서 소리가 어떻게 다르니?"
"재료가 다른 악기를 똑같은 채로 쳐보면 소리가 어떻게 다를까?"
"입으로 세게 불었을 때와 약하게 불었을 때
소리는 어떻게 다르니?"

악기 관찰하기

악기이름 → 핑거심벌즈

모양

연주방법 → 치면서 소리 내는 악기

소리 → 칭칭칭

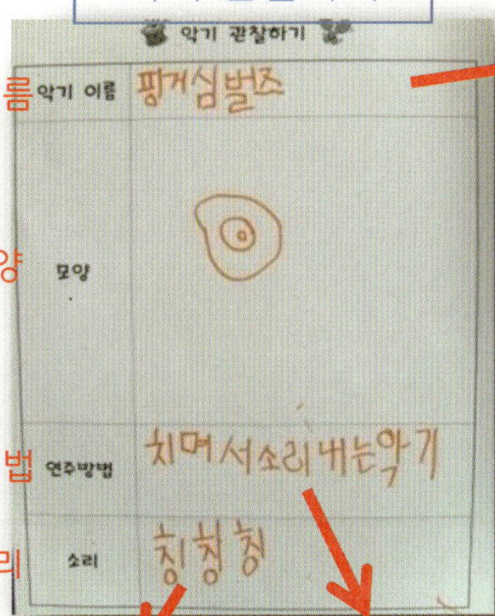

악기의 소리를 말로
표현하고 그림과
간단한 글로 표상하기

소리 탐색 후 악기마다
어떤 소리가 나는지
소개하기

- 유아들은 나무로 만들어진 악기는 '딱딱딱', '툭탁툭탁' 하고 둔탁한 소리가, 쇠로 만들어진 악기는 '찰찰찰', '칭칭칭' 하고 맑은 소리가 난다고 표현함.
- 이와 동시에 같은 악기라도 연주 방법에 따라 소리가 달라짐을 발견함

악기 탐색 : 연주 방법 생각모으기

여러 가지 연주 방법 : 생각모으기

• 이야기 나누기 : 교사는 유아와 연주 방법에 대해 생각을 모은 후 연주 방법이 같은 것끼리 모아 유목화함

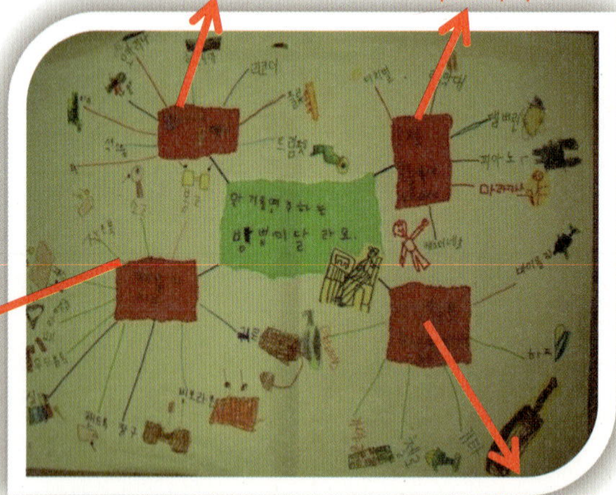

친구들과 연주 방법 생각모으기

※ 교사는 악기의 연주 방법에 대해 유아들이 충분히 탐색할 시간을 준 후 유아들과 악기의 연주방법에 대해 생각을 나눈다.

※ 교사는 유아들이 생각한 연주 방법을 화이트보드에 빠짐 없이 기록하면서 유아들의 생각을 모은 후 같은 연주 방법끼리 유목화한다. 이야기 나누기가 끝나면 교사는 글쓰기에 관심이 있는 유아 몇몇이 화이트보드의 내용을 보고 옮겨 적고 싶어하면 유아에게 2절지 캔트지에 기록할 수 있도록 도움을 줄 수 있다. 이는 추후 교실에 게시하여 유아들의 생각을 첨가하거나 수정하는데 유용한 자료가 된다.

• 다음에 소개되는 유목화 활동은 본 활동이 동기가 되어 유아 스스로 개별적으로 한 활동임

악기 탐색 : 연주 방법 생각모으기

개별 활동 - 내가 생각했어요! : 복합 분류

• 교사와 생각모으기와 유목화를 한 후 유아 스스로 연주 방법에 따라 악기를 분류하고 유목화하여 기록함

"두드려서 소리 내는 악기는 무엇이 있었니?"
"탬버린 연주는 두드리기만 하는 악기이니?
"흔들 수도 있다면 어떻게 묶어야 할까?"

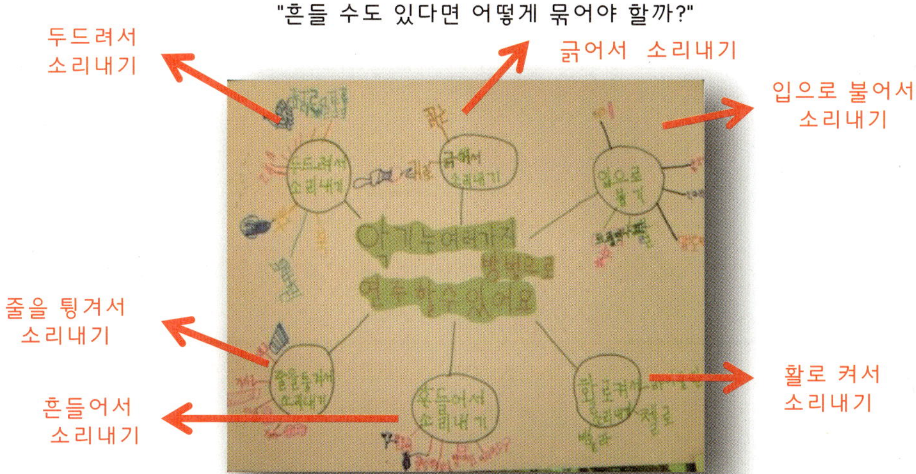

연주 방법 생각모으기(유목화) 개별 활동 결과물

※ 본 유목화 활동은 4세 유아가 스스로 하기에는 보편적이거나 쉬운 일반적 활동은 아니다. 본 활동을 한 유아는 인지적으로 좀 빠른 편으로써 본 유목화를 통해 같은 악기라도 여러 가지 방법으로 연주할 수 있다는 것과 이를 어떻게 유목 범주에 넣어야 할지에 대한 문제에 부딪치게 되었다. 그러나 본 활동 과정을 통해 유아는 악기의 형태에 따라 연주 방법이 여러 가지가 있어서 다양한 방법으로 유목화해야 한다는 개념을 구체화할 수 있었던 사례이다.

※ 활동 후 이 유아는 친구들에게 자신의 경험을 소개하면서 다른 유아들에게 복합분류에 대한 관심을 불러일으키는 동기가 되었다.

악기 탐색 : 연주 방법

주제 전개

- 악기의 종류
  - 다른 나라 악기
  - 우리나라 악기
- 악기 탐색하기
  - 소리
  - 재료
  - 연주 방법
- 악기 만들기
- 생활 속의 악기
  - 문화예술
  - 유치원(학교)
  - 특별한 날

음악 감상 : 생상스의 '사자왕의 행진'

• 생상스의 '사자왕의 행진' 음악 감상을 함

"음악을 들으니 어떤 느낌이 드니?"
"이 음악을 들으니 사자가 무엇을 하고 있는 것 같니?"
"이 음악에서 어떤 악기 소리를 들었니?"
"가장 높은 소리가 났을 때에는 사자는 무엇을 했을 것 같니?"
"음악이 빨라질 때는 사자가 어떤 모습을 하고 있을 것 같니?"
"피아노와 줄로 연주되는 악기가 함께 연주되니 어떤 느낌이 드니?"

피아노와 줄로 연주하는 악기가 만나면?

음악 감상 활동 교수용 자료

※ 피아노, 바이올린, 비올라, 첼로, 더블베이스가 합주된 음악으로써 유아들의 악기 소리의 다양한 음색을 경험하는데 적합한 감상곡이다.

악기 만들기

주제 전개

- 악기의 종류
  - 다른 나라 악기
  - 우리나라 악기
- 악기 탐색하기
  - 소리
  - 재료
  - 연주 방법
- **악기 만들기**
- 생활 속의 악기
  - 문화예술
  - 유치원(학교)
  - 특별한 날

여러 가지 재료로 악기 만들기

• 소리와 연주 방법을 충분히 탐색한 후 어떤 악기를 어떤 재료를 사용하여 만들 것인지 생각하며 소리 나는 악기를 만들어 봄

"어떤 악기를 만들어 보고 싶니?"
"어떤 재료로 만들고 싶니?"
"넌 왜 이 재료를 선택했니?"
"○○과 △△재료를 사용했을 때 소리가 어떻게 다를까?"

악기 만들기

※ 교사는 다양한 재료와 형태의 악기를 구성할 수 있도록 폐품, 나무, 쇠막대, 천, 소리를 낼 수 있는 끈(고무줄, 낚싯줄 등) 등 꾸미기 재료를 제공한다.

악기 만들기

주제 전개

- 악기의 종류
  - 다른 나라 악기
  - 우리나라 악기
- 악기 탐색하기
  - 소리
  - 재료
  - 연주 방법
- **악기 만들기**
- 생활 속의 악기
  - 문화예술
  - 유치원(학교)
  - 특별한 날

여러 가지 재료로 만든 악기!

상자로 만든 피아노

국악기 '소고' 초기작품

끈을 이용하여 줄을 튕겨 소리 내는 기타

※ 3세는 통에 재료를 넣어서 단순한 형태의 악기로써 악기의 모양보다는 '소리 남'에 초점을 둠

※ 4세는 실제 악기의 '형태'와 유사하게 만들면서 '소리가 나는 악기'를 표상함

※ 악기에 대한 관심이 가정으로도 연계되어 유아 스스로 가정에서 부모님과 함께 생각을 모아 악기 만들기 놀이로 확장할 수 있다.

악기 만들기

내가 만든 악기를 소개합니다!

• 다양한 재료와 형태로 만든 악기를 직접 연주하면서 소리를 들려줌

"저는 줄을 튕기며 소리 내는 기타를 만들었어요."

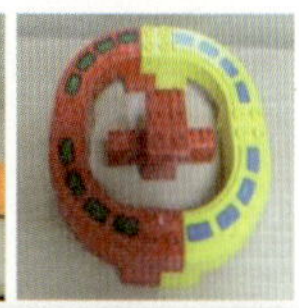

'쿵덕쿵' 장구 소개하기

끼우기 블록으로 만든 악기와 연주

• 악기를 소개하는 유아가 자신이 만든 악기를 소개하는 과정에서 악기에서 소리가 나지 않아 친구들이 이의를 제기하자 유아는 곧이어 친구들의 의견을 받아들이며 다시 수정하겠다고 계획을 세움

※ 유아들 간의 활발한 상호작용은 유아에게 인지적 갈등을 제공하여 유아 서로 간의 악기에 관한 개념 발달에 긍정적으로 영향을 제공하고 있다.

악기 만들기

흙으로 만든 악기 : 피리와 차임벨

"무엇으로 만든 악기니?"
"차임벨을 만들려면 무엇이 필요할까?"
"피리에서 소리가 나려면 구멍을 어느 위치에 뚫어야 할까?"
"선생님, 어떻게 입으로 불어요?"
"어떻게 하면 소리가 날지 지효의 피리를 관찰해 보자."

흙놀이실에서 피리와 차임벨 만들기

- 반 친구 지효가 공예가이신 엄마가 만들어 주신 흙으로 만든 악기를 가지고 와 소개함에 따라 흙놀이 시간에 악기 주제와 관련하여 피리와 차임벨 만들기 활동을 하게 됨

악기 전시 : 박물관 구성하기

신나는 악기 박물관 구성하기

• 유아들은 악기의 종류에 따라 다양한 악기를 만들고 전시 공간을 마련하기 위하여 이전에 아프리카 박물관, 별난 물건 박물관, 소리섬 박물관 현장학습 경험을 기초로 그들만의 신나는 악기 박물관을 구성함

"여기가 들어 오는 문이야!"
"이쪽에 두드리는 악기를 놓자.'
"그래 거기에 북 같은 거 두고 이런 것들(바이올린)은 이쪽에 전시하자."

신나는 악기 박물관 구성하기

※ 유아들의 악기 만들기 표상활동이 활성화 되어감에 따라 많은 결과물을 전시할 공간이 필요하게 되었다. 따라서 교사는 유아들과 문제를 해결하기 위한 토론 시간을 가졌으며 유아들은 쌓기놀이 영역에 '신나는 악기 박물관'을 구성하여 그 곳에 자신들이 만든 악기를 전시하기로 결정하였다.

생활 속의 악기

주제 전개

- 악기의 종류
  - 다른 나라 악기
  - 우리나라 악기
- 악기 탐색하기
  - 소리
  - 재료
  - 연주 방법
- 악기 만들기
- **생활 속의 악기**
  - 문화예술
  - 유치원(학교)
  - 특별한 날

악기는 어디에 쓰이는 것일까?

• 우리 생활 속에서 악기가 어떤 곳, 어떤 상황에 사용되는지 이야기 나눔

- 축하할 때
- 연주할 때
- 기쁜 일이 있을 때
- 슬픈 일이 있을 때
- 위험을 알릴 때
- 신호를 보낼 때

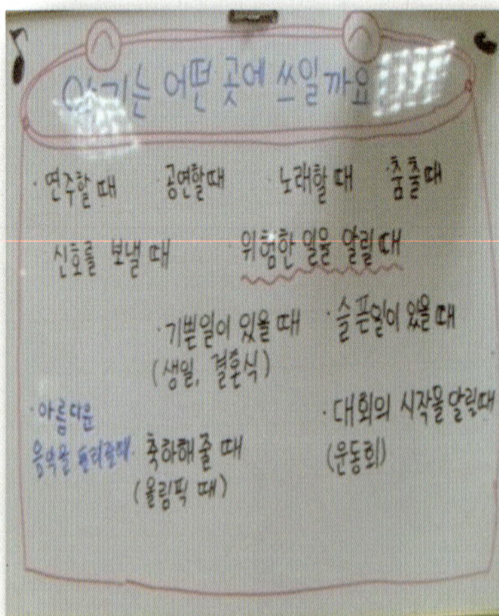

악기가 활용되는 곳 생각나누기

"위험한 일을 알릴 때 사용해요."
"슬픈 일이 있을 때도 악기가 필요해요."

• 본 이야기 나누기를 토대로 악기의 이용에 대해 생각하는 기회가 되었음(축하, 공연, 음악 감상, 슬픈 일, 기쁜 일, 위험을 알릴 때, 신호음 등)

생활 속의 악기

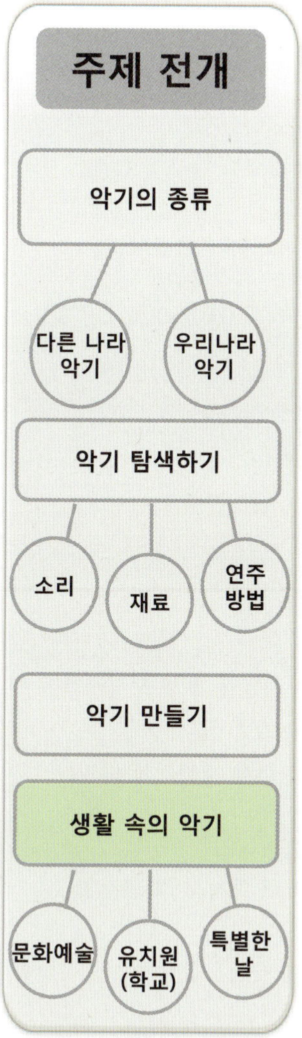

우리 생활 속에서 악기가 필요할 때는?

• 우리 주변에서 악기가 필요할 때가 언제일지 생각해 보기

"우리 생활에서 악기가 필요할 때는 언제일까?"
"만약 이모 결혼식에 바이올린 연주가 없었다면 어땠을까?"
"친구생일 축하할 때 피아노 연주가 없었다면 어땠을까?"
"국악 동요와 현악 4중주 공연에서 우리를
즐겁게 해 준 악기는 무엇이었지?"

악기가 사용되는 곳 생각모으기

생활 속의 악기 : 문화 예술

주제 전개

- 악기의 종류
  - 다른 나라 악기
  - 우리나라 악기
- 악기 탐색하기
  - 소리
  - 재료
  - 연주 방법
- 악기 만들기
- **생활 속의 악기**
  - **문화예술**
  - 유치원(학교)
  - 특별한 날

현악 4중주 공연 관람하기

- 현악 4중주(바이올린 1, 2, 비올라, 첼로) 공연단을 초청하여 음악을 감상하고 각 악기의 음색을 비교하고 연주 방법을 관찰함

"현악 4중주가 함께 연주를 하니 소리가 어땠니?"
"현악기는 어떻게 연주를 하는 악기일까?"

현악 4중주 초청 공연 관람

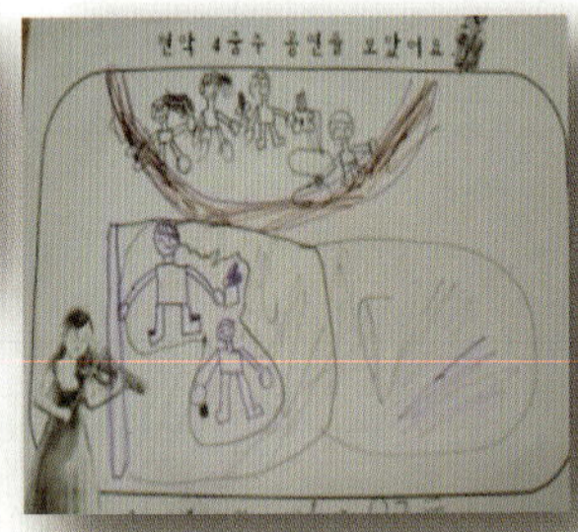

공연 관람 후 표상활동

※ 주제가 마무리 되어갈 무렵 교사는 유아들의 마무리 활동으로 '콘서트'를 준비하고 있었기 때문에 지인을 통해 지역사회 음악인들의 '앙상블 현악 4중주' 공연팀을 초청하였다. 마침 5세 학급에서 동생반의 주제가 전이되어 '소리' 주제를 진행하던 중이어서 5세 반 형님들과 함께 관람하게 되었다.

※ 교사는 앙상블 현악 4중주 공연 관람 후속 활동으로 지역사회의 고등학교 음악동아리를 섭외하여 현장체험학습으로 연결하여 추후 마무리 활동으로 '아주 멋진 악기 콘서트'로 연결할 수 있었다.

※ 교사는 지역사회의 중 · 고등학교 등 상위학교의 음악동아리를 섭외하면 유아들의 경험을 다양화시킬 수 있다.

생활 속의 악기 : 문화 예술

주제 전개

- 악기의 종류
  - 다른 나라 악기
  - 우리나라 악기
- 악기 탐색하기
  - 소리
  - 재료
  - 연주 방법
- 악기 만들기
- 생활 속의 악기
  - 문화예술
  - 유치원(학교)
  - 특별한 날

공연장에 갔어요!

"(공연관람 사진을 보며) 어디에 다녀왔니?"
"어떤 악기의 소리를 들었니?"
"어떤 태도로 감상하였니?"
"공연을 감상하며 어떤 기분이 들었니?"

난타 공연

사물놀이 공연

피아노 연주회

민속 공연

우리 생활 속의 문화 예술 장면

생활 속의 악기 : 유치원(학교)

주제 전개

- 악기의 종류
  - 다른 나라 악기
  - 우리나라 악기
- 악기 탐색하기
  - 소리
  - 재료
  - 연주 방법
- 악기 만들기
- 생활 속의 악기
  - 문화예술
  - 유치원(학교)
  - 특별한 날

'숲 속 동물 콘서트' 음악극

• 유아가 가지고 온 '도깨비 콘서트'라는 동화 책을 '숲 속 동물 콘서트'라는 동극 동화로 각색하여 악기를 활용한 음악극 활동을 함

"동화에서 OO 동물은 어떤 악기를 연주하였니?"
"그 악기를 연주할 때 어떤 소리가 났니?"
"동물이 악기를 연주하며 뭐라고 이야기 했을까?"
"우리가 재미있는 음악극을 하려면 어떻게 해야 할까?
(악기 연주, 순서, 대사, 표정, 몸짓 등)

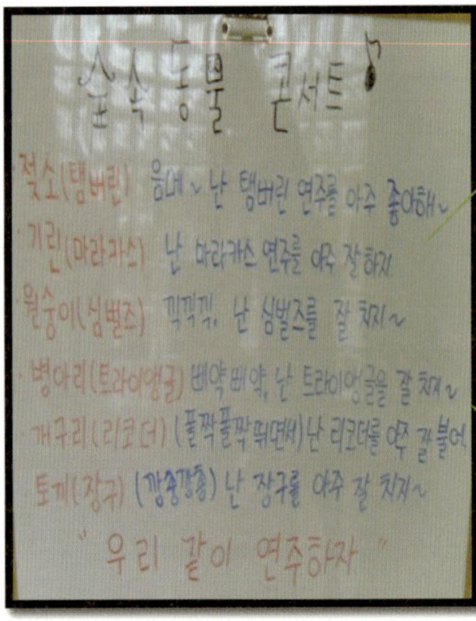

젖소(탬버린)
기린(마라카스)
원숭이(심벌즈)
병아리(트라이앵글)
개구리(리코더)
토끼(장구)

찰찰찰~
난 마라카스 연주를
아주 잘 하지!

'숲 속 동물 콘서트' 계획하기

생활 속의 악기 : 유치원(학교)

주제 전개

- 악기의 종류
  - 다른 나라 악기
  - 우리나라 악기
- 악기 탐색하기
  - 소리
  - 재료
  - 연주 방법
- 악기 만들기
- 생활 속의 악기
  - 문화예술
  - 유치원(학교)
  - 특별한 날

동물의 사육제 음악 감상 : 악기의 음색과 소리

• 다양한 악기 소리가 등장하는 동물의 사육제 모음곡을 그림 악보를 통해 음의 높낮이와 길이, 빠르기를 느끼며 음악을 감상함

"눈을 감고 악기 소리에 주의를 기울여 들어보자."
"어떤 악기로 연주한 것 같니?"
"음을 따라 손을 움직여 볼까? 어떤 부분이 높게 올라갈까?"

손으로 음의 높이를 표현하며 감상하기

※ 본 음악 감상에 사용한 음악활동 자료(뮤직맵)는 3세에 비해 신체 조절 능력이 발달한 4세에게 몸으로 음을 따라가거나 표현하는데 적합한 자료이다.

※ 단순한 소리가 아니라 음악을 통해서 음의 빠르기와 길이, 높낮이 등을 감상하며 소리의 성질을 통합할 수 있다.

생활 속의 악기 : 유치원(학교)

주제 전개

- 악기의 종류
  - 다른 나라 악기
  - 우리나라 악기
- 악기 탐색하기
  - 소리
  - 재료
  - 연주 방법
- 악기 만들기
- 생활 속의 악기
  - 문화예술
  - 유치원(학교)
  - 특별한 날

뮤직맵을 통한 음악 감상

• 유아교육기관이나 학교에서 수업시간이나 동아리 활동으로 악기연주, 음악 감상 등 음악활동으로 악기들 다룸

뮤직맵 북과 그림차트를 이용한 음악감상

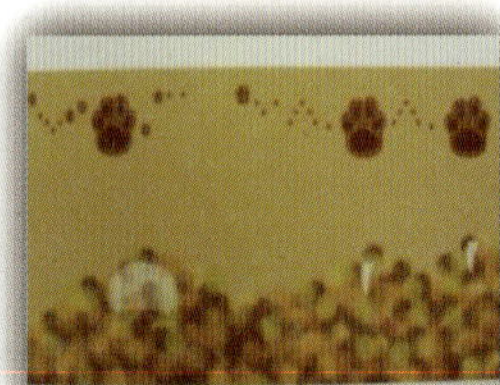

☜ 촉감책

여러 가지 소품 ☞ (인형, 머리띠, 천)

뮤직맵 음악 활동

※ 정보 : 뮤직맵 : 제작 꿈자울(www.koomzaal.com)
생상스의 동물의 사육제 중 캥거루, 거북, 숲 속의 뻐꾸기, 백조, 사자왕의 행진을 감상하는 활동 자료로 뮤직맵 북 차트, 카드, 소품 등을 이용하여 음의 높낮이와 길이를 시각적으로 탐색하고 감상하며 다감각적으로 경험할 수 있도록 하는 음악감상 자료이다.

생활 속의 악기 : 유치원(학교)

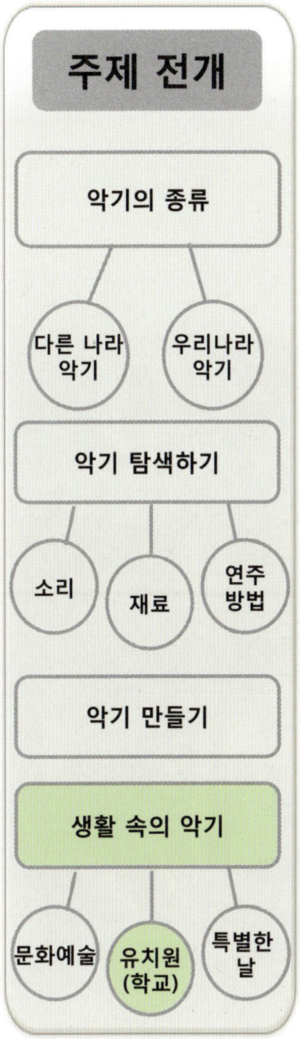

'숲 속의 뻐꾸기' 음악 감상 후 그림으로 표현

• 감상한 음악에 대한 느낌과 떠오르는 생각을 움직이는 그림으로 표현하고 음률영역에서 뮤직맵과 함께 음악 감상하기

"음악을 들으니 어떤 장면이 떠오르니?"
"높은(낮은) 음은 어떤 그림으로 표현하고 싶니?"

음악과 그림의 교차양식 표상

생활 속의 악기 : 유치원(학교)

주제 전개

- 악기의 종류
  - 다른 나라 악기
  - 우리나라 악기
- 악기 탐색하기
  - 소리
  - 재료
  - 연주 방법
- 악기 만들기
- **생활 속의 악기**
  - 문화예술
  - **유치원(학교)**
  - 특별한 날

고등학교 형님들은 학교에서 음악동아리 활동으로!

- 지역사회의 고등학교 음악 동아리를 섭외하여 현장체험학습을 다녀옴
- 학생들 동아리 활동으로 오케스트라, 락밴드 활동 등에서 다양한 악기를 다루고 있었음

고등학교 학생들의 음악 동아리 연주 활동

생활 속의 악기 : 특별한 날

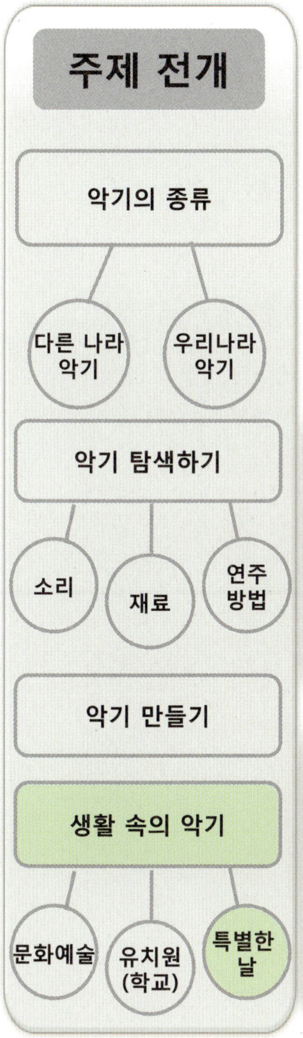

유치원에서 특별한 날을 위해 준비 했어요!

- 생활 속의 악기는 특별한 날에 기쁨을 주기 위해 이용된다는 사실과 결혼식이나 파티 등에 이용된다는 것을 알아보고 우리 유치원에서도 친구 생일, 어린이 날 축제, 민속의 날, 부모님 초대하는 날 등 특별한 날을 위해 악기를 사용해서 즐거운 시간을 가졌던 경험을 회상함

"우리 유치원에서 언제 악기를 사용했었니?"
"생일축하를 위해 악기 연주를 하니 기분이 어땠니?"
"특별한 축하 활동을 할 때 악기가 없었다면 어땠을까?"

생일 파티

어린이 날 축제

민속의 날

동생반 초대

그림자 공연

부모님 초대

악기 개념망

생각을 모아서 악기 개념망

- 유아들은 '신나는 악기놀이' 주제를 마무리하며 그동안 알게 된 악기와 악기 소리에 대한 탐색을 생각을 모아서 '악기 개념망'으로 정리하게 됨

악기의 종류　　악기의 연주 방법

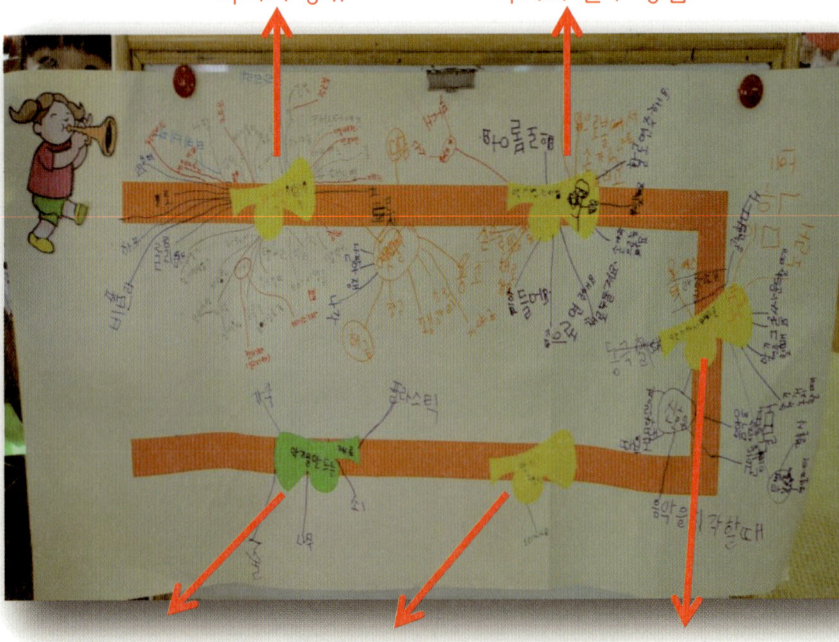

악기 만드는 재료　　악기의 특징　　악기가 사용되는 곳

주제의 발현에서부터 마무리까지 전개 과정을 회상하며 악기 소리를 개념망으로 정리하면서 주제를 마무리 함

공연 계획 및 준비

주제 마무리

공연 계획 및 준비

↓

'아주 멋진 악기 콘서트' 공연

↓

'아주 멋진 악기 콘서트' 공연 평가

유아들과 함께 공연 계획하기

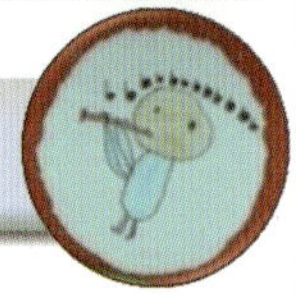

- '악기 콘서트를 하려면?' 이야기 나누기
  - 공연 내용 : 함께 불렀던 노래를 악기로 연주하기와 음악극
  - 필요한 것 : 현수막, 포스터, 초대장, 티켓, 악기, 소품들

"어떤 공연을 준비할까?"
"악기 콘서트를 알리려면 어떤 것들이 필요할까?"

친구들과 생각을 모아 공연 계획과 준비

※ 공연의 주체가 유아들이기 때문에 교사는 처음부터 유아들과 함께 공연을 어떻게 계획하고 준비할 것인지 의논하며 함께 준비해 나간다. 각자의 역할 선정에서부터 내용선정, 소품에 이르기까지 유아들의 생각을 반영한다면 준비하는 과정에서 유아들은 주체가 되어 보다 능동적으로 참여하게 되므로 의미 있는 활동이 될 수 있다.

공연 '아주 멋진 악기 콘서트'

주제 마무리

공연 계획 및 준비

↓

'아주 멋진 악기 콘서트' 공연

↓

'아주 멋진 악기 콘서트' 공연 평가

'아주 멋진 악기 콘서트'

• 부모님을 초대하여 준비한 악기 콘서트

'아주 멋진 악기 콘서트' 공연

※ 이 공연은 학예회 성격이 아니라 유아가 악기 주제를 전개하며 악기에 대해 탐색하고 알아 본 내용을 정리하고 재구성한 것으로써 '아주 멋진 악기 콘서트'는 유아들과 함께 계획하고 구성한 공연이었기 때문에 유아들이 주체가 되어 자발적으로 즐겁게 참여하게 되었다.

'아주 멋진 악기 콘서트' 공연 평가

주제 마무리

공연 계획 및 준비

↓

'아주 멋진 악기 콘서트' 공연

↓

'아주 멋진 악기 콘서트' 공연 평가

'아주 멋진 악기 콘서트' 평가하기

공연 평가하기

"떨렸는데 친구들과 힘 내서 하고 나니까 기분이 좋아졌어요."
'우리가 연습한 콘서트를 엄마, 아빠께 보여드리니까 뿌듯했어요."
"엄마, 아빠가 아주 잘했다고 칭찬해주셔서 기뻤어요!"
"다음엔 더 잘하고 싶어요~"

유아들은 주제 전개 과정에서 능동적이고 스스로 탐구하는 태도로 자기주도적으로 개념을 정리하고 재구성하는 시간이 되었다.

↓

주제 탐구 마지막 과정의 악기 공연은 악기와 소리에 대한 개념을 통합하면서 나에 대한 믿음은 자신감으로, 친구에 대한 신뢰는 타인에 대한 존중감으로 나타났다.

주제 전개 과정에서 실행된 주제 개념망

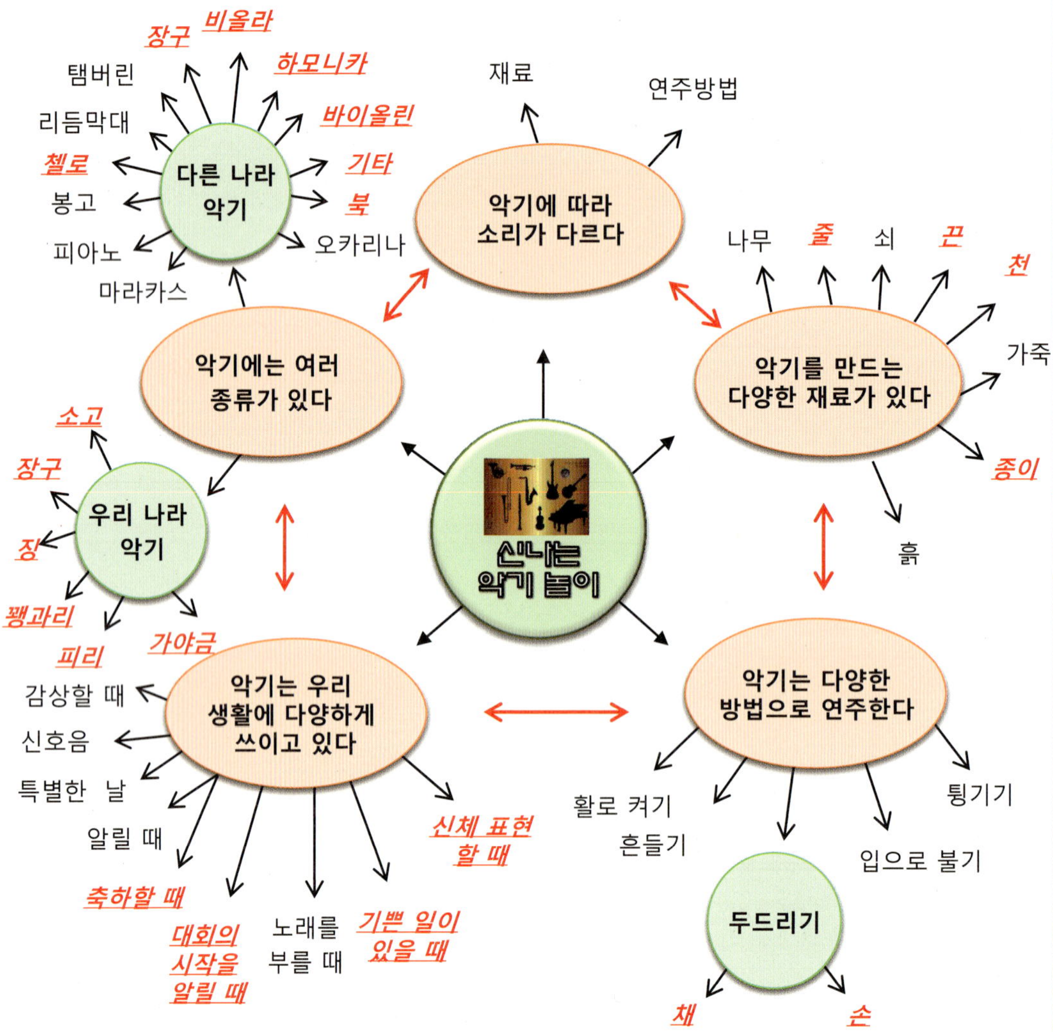

※ *적색의 밑줄 그은 이탤릭체* 표기는 주제 전개 과정에서 추가 확장된 내용임

신나는 악기 놀이 주제 전개의 특징

특징	내용
악기 탐색	• '악기 놀이'에서 '악기 소리 탐색'으로 변화됨 • 악기의 종류와 악기의 재료, 연주하는 방법 등을 탐색하고 악기 공연으로 '악기 소리'에 대한 개념을 통합함
표현 범위 확대	• 주제를 통해 악기에 대한 소리 탐구 뿐 아니라 여러 가지 매체와 다양한 표상활동을 통해 표현의 범위를 확대함
음률적 개념 향상	• 유아들은 주제를 진행하면서 악기와 소리에 대한 개념을 재구성하고 음률적인 감각이 향상되었음
탐구적 성향	• 유아들은 문제를 인식하고 해결해 나가는 과정에서 적극적인 실험과 탐색 및 탐구가 이루어지면서 다음 주제에 대한 기대감과 탐구적 성향 관찰됨

PART 3

만 5세 주제 탐구
소리

Chapter 5

소리

주제 탐구의 개요

만 5세아는 점차 논리적으로 사고할 수 있게 되며 일상생활에서 일어나는 특이한 상황에 호기심을 갖고 사물의 현상이나 속성, 인과관계를 다양한 관점으로 생각하기 시작한다. 따라서 이 시기의 유아들은 주변에서 일어나는 일이나 변화에 민감하게 반응하며 그 원인에 대해 알아보고 해결하기 위해 다양한 방법을 시도한다. 유아는 문제를 해결하기 위해 관찰하고 예측하고 조사하고 실험 · 적용해 보는 과정을 통해 과학적 개념이 포함된 놀이를 보다 즐기게 된다.

또한 이 시기에는 다른 유아와 상호작용하는 기술이 발달하고 협동하기, 공유하기, 돕기, 협상하기 등의 사회적 기술을 익히게 되는데 언어 표현력과 이해력의 발달로 다른 사람과의 의사소통이 더욱 적절하게 이루어지게 된다. 더불어 사회적 소속감이 발달하여 같은 또래의 승인이 중요한 행동 준거가 되면서 유아들은 공동의 관심사에 대한 의견을 상호 교환하며 토론 · 토의를 통해 얻어진 결과를 자신들의 놀이에 반영하기도 한다. 이처럼 5세아는 4세아에 비해 덜 자기중심적이고 관대하며 또래와도 잘 어울려 놀 수 있고 놀이 지속 시간도 길어져 집단의 형태로 진행되는 놀이에서 동일한 목표를 정하기 위해 서로 의사소통하고 목표달성을 위하여 서로 협력하는 모습을 자주 볼 수 있다.

이와 같은 발달적 특성이 반영되어 5세반에서 진행된 소리 주제의 전개과정 및 내용은 다음과 같다.

1. 주제 선정 및 주제 개념망의 구성

주제의 발현

<동생반의 주제가 전이 되어서!>

'지구촌 한가족'이라는 주제가 마무리 되어갈 즈음 유아들은 유치원에서 이루어지는 4세반 동생들의 활동에 많은 관심을 보였다. 특히 복도와 계단을 지나칠 때마다 보이는 동생들이 만든 재미있는 조형 작품(악기)과 콧노래가 절로 나오게 만드는 신나는 악기 연주 소리는 유아들의 호기심을 자극하기에 충분했고 그 관심은 교실 속 유아들의 놀이에까지 영향을 미치게 되었다. 이에 교사는 유아들의 관심을 반영하여 '소리'라는 주제를 선정하였고 5세 유아들이 다룰 수 있는 소리와 관련된 개념들을 〈소리는 여러 가지 느낌이 있다〉, 〈소리는 다양하게 생성된다〉, 〈소리는 다양한 방법으로 전달된다〉, 〈소리는 여러 가지 성질이 있다〉, 〈소리는 여러 가지로 이용된다〉 등의 하위 개념을 선정하게 되었다. 교사에 의해 계획된 소리 주제 개념망은 [그림 3-1]과 같다.

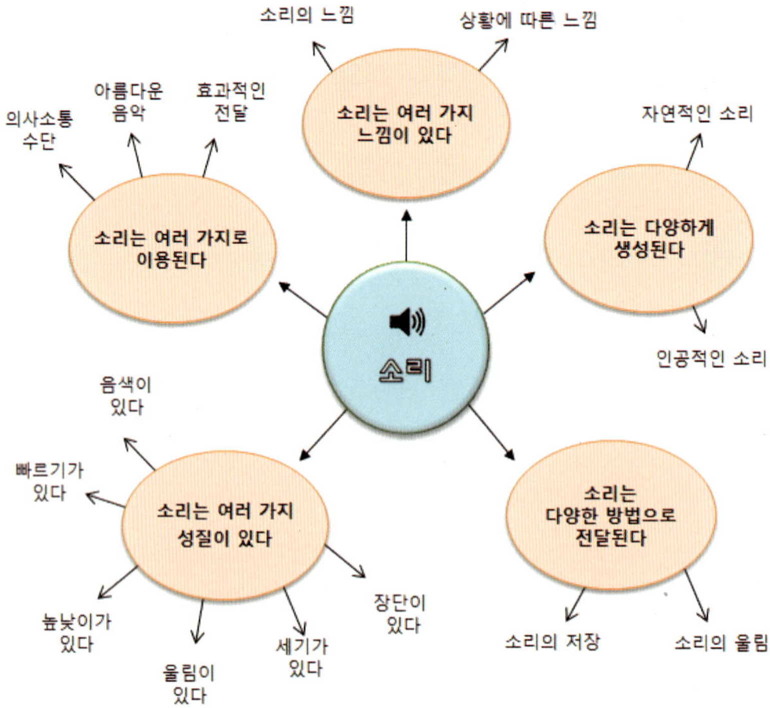

[그림 3-1] 교사에 의해 계획된 소리 주제 개념망

2. 소리 주제 전개 과정

소리의 주제 탐구는 앞서 제시된 [그림 3-1] 교사에 의해 계획된 주제 개념망을 중심으로 도입, 전개, 마무리의 과정을 거치면서 전개되었다.

주제의 도입

• 동화 '소리 가게로 오세요'

소리에 대한 주제가 시작되면서 유아들은 '소리'와 관련된 책을 유치원으로 많이 가져오기 시작했다. 교사는 여러 권의 책 중에서 소리에 대한 관심을 가장 많이 이끌어 낼 수 있는 내용의 동화책 '소리 가게로 오세요'를 선정하여 유아들에게 들려주었다. 동화 내용은 소리를 만들어 파는 가게에 대한 이야기로 여러 가지 소리를 만드는 방법이 상세하게 소개되어진 책이다. 올빼미 소리는 병 주둥이를 입으로 불어 소리를 만들어 내는데 유아들은 소리를 만드는 방법에 많은 관심을 보였고 조형영역에서는 책에 소개된 여러 가지 방법들로 소리 만드는 활동이 시작되었다.

• 소리 상자 만들기

소리 만들기 활동은 책에서 소개된 방법 이외에 다른 소리를 만드는 놀이로 확장되었고 뚜껑이 있는 용기 속에 종류가 다른 것을 채워 넣은 후 어떤 소리인지 알아맞히는 '소리 상자 놀이'를 유아들이 고안하게 되었다. 유아들은 함께 만든 '소리 상자'를 과학영역에 비치해두고 자유선택활동 시간마다 친구들과 함께 소리 알아맞추기 놀이를 하였으며 여러 가지 소리를 만들고 찾아보면서 유아들은 자연스럽게 여러 가지 소리와 소리 만들기에 관심을 갖게 되었다.

• 문화 체험하기

소리에 대한 관심과 흥미를 유발하고 주제를 보다 확장하기 위하여 인형극 오돌또기와 현악 4중주 공연 관람 등 지역사회에서 하는 공연 및 문화체험에 참여하면서 다양한 유형의 소리에 접할 기회를 갖게 되었다.

주제의 전개

<소리는 여러 가지 느낌이 있다>

- 현악 4중주 공연에서 만난 아름다운 악기 소리

유치원에서 4세반 유아들이 주제와 관련한 전문가 초빙의 시간을 가지게 되었는데 현악 4중주로 구성된 앙상블이 유치원에서 작은 연주회를 열어주기로 하여 동생들과 함께 관람하게 되면서 소리 만들기에 대한 관심은 '악기'와 '악기가 내는 소리'에 대한 관심으로 연결되었다. 공연 후 유아들은 인터넷과 책을 이용해 현악 4중주의 악기인 바이올린, 비올라, 첼로 등에 대해 알아보기 시작하였고 악기의 모양과 재질, 연주 방법 등에 관심을 갖게 되었다.

- 소리는 여러 가지 느낌을 주어요!

현악 4중주 공연 관람 후 유아들과 공연을 본 느낌과 소감을 이야기 나누게 되었는데 유아들은 연주된 곡의 제목을 모두 기억하지는 못했지만 곡의 느낌을 잘 기억하여 여러 가지 느낌에 관한 언어로 표현하였다. 이를테면 "조용한 음악을 들으니까 슬픈 느낌이 들었어요.", "텔레비전 광고에 나오는 음악 있잖아요. 그 음악을 들으니까 기분이 좋아졌어요." 등이다. 유아들과 여러 곡의 음악을 들으며 느낀 다양한 감정들을 말로 표현해보면서 음악과 더불어 소리가 주는 다양한 느낌들을 슬프다, 즐겁다, 무섭다, 조용하다, 빠르다, 느리다, 어둡다, 포근하다 등으로 표현하였다.

<소리는 다양하게 생성된다>

• 소리 나는 도구 : 악기

현악 4중주 공연 관람 후 유아들의 관심은 '악기'와 '소리'에 모아졌다. 여러 종류의 악기에 호기심을 가지고 알아보게 되었으며 직접 악기를 관찰하고 궁금증을 해결해보기 위해 악기점을 방문하였다. 악기점에 가기 전 유아들은 악기에 대해 궁금한 것들을 모아보았고 현장학습 후 유아들은 악기점에서 해결하지 못한 것들은 교실로 돌아와 인터넷과 책으로 알아보기 시작했다. 이런 유아들의 관심은 여러 종류의 악기를 탐색하고 연주해보는 놀이로 연결되어 교실의 쌓기놀이 영역에 '소리 연구소'가 생기게 되었는데 소리 연구소는 후에 유아들의 관심을 '악기'에서 '소리'로 이동시키는 계기가 되었다.

• 자연적인 소리, 인공적인 소리

유아들은 친구들과 함께 근린공원을 산책하며 낙엽 밟는 소리, 돌 징검다리 건는 소리, 바람소리, 새소리 등을 들으며 자연의 소리를 접하며 녹음기에 담아오게 되었다. 이를 통해 소리는 직접 듣거나 전달하지 않더라도 녹음기, 전화기, 마이크와 스피커, 라디오와 텔레비전처럼 저장하거나 멀리 전달할 수 있음을 알게 되었다. 이 과정에서 유아들은 자연의 소리와 인공적인 소리가 존재한다는 것을 인식하게 되었다. 유아들이 알아 낸 소리의 성질은 교실의 각 흥미영역에서 관련된 활동으로 이루어졌으며 음악 감상과 미술 감상, 동극 등으로도 연결되었다.

<소리는 다양한 방법으로 전달된다>

• '소리 연구소'로 놀러 오세요!

소리 연구소에는 교사가 내어 준 첼로와 바이올린을 비롯해 국악기와 유아들이 집에서 가져온 다양한 종류의 악기들로 가득 차게 되었는데 유아들은 이 많은 악기들의 소리를 서로 비교해보기도 하고 악기의 종류를 하나의 준거로 분류하여 전시하기도 하였다. 소리 연구소 놀이를 하며 유아들의 관심은 '악기'에서 '소리'에 대한 관심으로 확장되어 '소리는 왜 날까?', '어떻게 우리가 소리를 들을 수 있는 것일까?'라는 커다란 궁금증을 가지게 되었고 이 궁금증을 해결하기 위해 소리섬 박물관을 방문하였다.

- '떨림과 울림', '진동과 공기' : 우리는 어떻게 소리를 들을 수 있을까?

소리섬 박물관에서 유아들은 소리의 전달에 대해 알아보기로 하였으나 소리의 전달에 대한 명확한 해답은 얻을 수 없었고 '축음기와 스피커'라는 소리와 관련된 새로운 매체를 접하게 되면서 또 다른 놀이 녹음하기, 여러 가지 기계로 음악 듣기 등으로 연결이 되었다. 한편, 유아들은 소리의 전달에 대한 궁금증을 직접 해결해보고 싶어 했고 교사는 이런 유아들의 요구를 반영하여 탐색과 실험을 통한 발견이 이루어질 수 있도록 첼로와 바이올린을 유아들 앞에서 연주해주었다. 첼로를 연주할 때 몇몇 유아들이 직접 나와 첼로의 여러 부분을 만져볼 수 있도록 하였고, 유아들은 첼로를 연주할 때 첼로의 몸체와 현이 떨리고 있다는 것을 발견하였다. 교사는 바이올린도 똑같은 방법으로 들려주고 유아들이 탐색해볼 수 있도록 하였다. 유아들은 바이올린 역시 소리를 낼 때 떨리고 있다는 것을 발견하고 '소리'와 '떨림'을 연결시켜 생각하기 시작했다. 그리고 이런 유아들의 발견에 대한 추측과 관심은 소리 연구소에서 다른 악기들을 연주하며(특히 큰 북과 심벌즈) '소리는 떨리기 때문에 들린다'라는 결론을 얻게 되었다. 이와 동시에 유아들은 인터넷과 소리에 대한 과학책을 이용해 소리의 전달에 대해 알아보기 시작했는데 '소리는 진동하며, 그 진동을 공기가 우리의 귀까지 전달해 준다.'라는 것을 알게 되었다. 유아들은 '파동'과 '진동'이라는 단어를 찾아내게 되었다. 이로 인해 유아들은 모든 소리가 울린다는 것을 알게 되었고 소리를 우리의 귀까지 전달해 주는 것에는 공기, 물, 전파 등이 있다는 것을 직접 실험을 통해 알아낼 수 있었다. 유아들은 자신들이 알아 낸 것을 함께 모이는 시간에 친구들과 함께 공유하기를 원했고 교사는 유아들이 알아낸 것을 모든 유아들이 쉽게 공유할 수 있도록 소리의 전달 과정이 그림으로 소개된 과학책을 확대 복사하여 유아들과 함께 이야기를 나누었다. 소리의 전달에 대한 궁금증을 해결한 유아들은 자신들이 알아낸 것을 노랫말로 지어 노래를 만들게 되었고 이 노래는 유아들이 가장 아끼고 좋아하는 노래로 꼽히기도 했다.

- 실전화기와 소리관은 소리를 더 크게 멀리까지 전달한다!

소리의 전달에 대해 알게 된 유아들은 소리를 전달할 수 있는 것들을 만들기 시작했다. 친구에게 자신의 목소리를 전달하기 위한 실전화기와 소리관을 만들어 놀이하던 유아들은 자신이 만든 실전화기의 소리가 더 크다며 소리를 비교하기 시작했다. 유아들은 실전화기의 소리를 비교하는 실험을 통해 실의 종류, 실의 길이, 컵의 크기와 종류, 실의 상태(팽팽한/느슨한 상태), 컵과 소리를 내는 입의 거리 등이 소리의 크기에 영향을 미친다는 것을 알아내었다.

<소리는 여러 가지 성질이 있다>

소리의 전달에 대해 알게 된 유아들은 소리를 전달할 수 있는 실전화기와 종이 확성기를 만들면서 자신의 목소리를 더 크게, 멀리에까지 전달할 수 있음을 알게 되고 소리를 먼 곳까지 전달할 수 있는 방법에 대한 새로운 고민이 생겨났다.

유아들의 이러한 고민은 소리가 가지고 있는 다양한 성질들을 하나씩 발견해 나갈 수 있는 시발점이 되어주었고 소리 연구소를 비롯한 주변에서 들을 수 있는 여러 가지 소리들의 특징을 모아 소리가 가지고 있는 길이, 크기, 높낮이, 빠르기, 음색, 세기 등을 찾아낼 수 있게 되었다. 또한, 녹음하기 활동을 통해 소리는 저장할 수 있다는 특징을 찾아내었다. 소리의 다양한 성질들을 탐색하고 발견해 나가는 과정을 통해 유아들은 교실의 각 흥미영역에서 관련된 활동을 하며 소리의 여러 성질을 더욱 쉽게 이해할 수 있게 되었다. 이와 관련하여 교실에서 이루어진 활동으로는 '우리 교실에서 가장 작은 소리와 큰 소리는?', '누가 가장 길게 아~ 소리를 낼까?', '리듬악기 중 가장 긴 소리와 짧은 소리를 가진 것은?', '도레미파솔라시도 중에서 어떤 음일까?(피아노의 한 음 듣고 알아맞히기)', '음악 감상하며 선으로 표현하기', '음은 같지만 소리가 다른 말은?', '박자카드 보고 박자치기', '음악에 맞춰 지휘하기' 등이 있다.

<소리는 여러 가지로 이용된다>

소리의 전달에 대한 여러 가지 활동은 소리를 전달해주는 전화기, 녹음기, 라디오, 텔레비전, MP3, 마이크와 스피커 등의 다양한 매체와 연결되어 유아들이 직접 사용해보고 어떻게 소리를 전달하는지 알아보기도 하였다. 산책하며 자연의 소리 녹음하기, 라디오 방송 듣기, 마이크로 이야기하고 스피커로 소리 들어보기, 인터폰으로 다른 반 친구와 통화하기 등의 활동이 이루어졌으며 직접 알아볼 수 없는 텔레비전과 관련된 활동은 방송국 방문을 통해 알아보았다.

KBS방송국 현장학습을 통해 유아들은 화면과 소리가 전파로 우리 집까지 전달된다는 것을 새롭게 알게 되었고 그 사실에 많은 흥미를 보였다. 유치원으로 돌아온 유아들은 방송국에서 체험했던 아나운서 놀이를 하기로 하고 쌓기놀이 영역에 방송국을 꾸며 놀이를 하게 되었다. 이 과정에서 유아들은 방송국에서 본 것을 기억해 두었다가 여러 가지 재료를 이용해 유사하게 만들어내는 것을 볼 수 있었으며 아나운서 역할을 하는 친구들이 읽을 대본쓰기, 직접 촬영을 하기 위한 비디오카메라의 기능 알아보기, 텔레비전과 비디오카메라를 연결하여 아나운서의 모습을 텔레비전 화면으로 볼 수 있도록 설치하기 등 다양한 활동이 놀이와 함께 이루어졌다.

주제의 마무리

• 소리 전시회로 초대합니다!

유아들은 자신들이 '소리'에 대해 알게 된 것을 사람들에게 알리기 위해 전시회를 열었으면 좋겠다는 의견을 제시했고 교실을 전시회장으로 꾸며 엄마 아빠를 초대하기로 하였다. 유아들은 각각 역할을 정하여 자신이 맡은 부분을 게시하고 설명하기로 하였다.

• 전시회장을 어떻게 꾸미면 좋을까?

유아들은 전시회를 열기 위해 장소와 날짜, 전시회 내용과 방법, 전시회 알림 방법 등을 의논하며 서로의 아이디어를 교환하였다. 전시를 하기 위한 장소를 교실로 정하고 설계도를 그려 어떤 전시물을 어느 곳에 전시할 것인지를 함께 결정하였다. 또한 전시물을 어떤 방법으로 전시하면 좋을지, 부모님을 초대했을 때 어떤 순서로 돌아볼 수 있을지, 초대를 위한 포스터와 입장권 등은 어떻게 제작하면 좋을지를 의논하였다.

유아들은 전시관 설계도를 그리면서 "엄마, 아빠도 우리가 했던 놀이를 할 수 있도록 하면 좋겠어요."라는 친구의 의견에 모두 동의하게 되어 부모님들이 참여할 수 있는 코너를 즉석에서 몇 가지 만들기도 하였다. 더불어 우리가 지은 '소리는 어떻게 들을 수 있을까?' 노래를 부모님들께 불러드리면 좋겠다는 의견과 참여한 부모님들께 금메달을 달아드리자는 의견도 모아졌다.

무엇을 어떻게 전시할지를 결정한 후에는 한 명의 유아도 빠지지 않도록 이름을 적어 역할을 정하였고 유아들은 책임감을 가지고 전시회 준비에 임했다. 전시회를 준비하며 친구들과 의견을 나누고 조율하는 과정을 통해 새로운 아이디어를 도출하기도 하고 수정 · 보완하기도 하였다.

• 소리 전시회에 오신 것을 환영합니다!

전시회 준비를 마친 후 유아들은 함께 만든 포스터를 유치원의 곳곳에 붙이고 친구들의 그림으로 디자인한 입장권과 초대장을 복사하여 각각 집으로 가져가 부모님께 전달했다. 전시회 당일에는 각자가 자신이 맡은 부분의 전시물을 내 부모님, 친구의 부모님께 설명해드리기도 하고 참여코너에서는 설명과 진행 등을 맡아서 하는 등 자신이 맡은 부분의 역할을 최선을 다하여 해냈다. 유아들은 전시회장을 둘러보신 부모님들께 노래를 불러드렸다. 이상에서 제시한 소리 주제 전개 과정의 흐름은 [그림 3-2]와 같다.

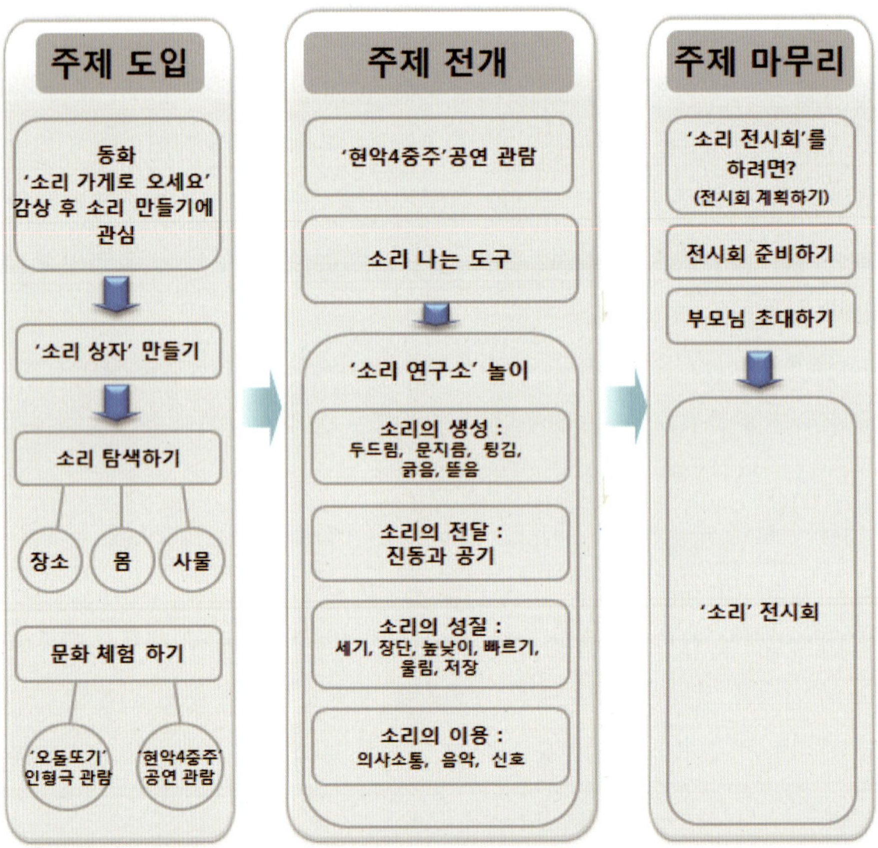

[그림 3-2] 소리 주제 전개 과정

3. 주제 전개 과정에서 실행된 주제 개념망

주제가 진행되어 가는 과정에서 교사에 의해 계획된 주제 개념망의 내용 중 일부는 수정되었거나 확장 · 심화되었다. 〈소리는 다양하게 생성된다〉에서 자연적인 소리가 자연의 소리로, 인공적인 소리를 만들어 낸 소리로, 〈소리는 다양한 방법으로 전달된다〉의 소리의 전달이 저장 후 전달로 수정되었고, 전파 등이 추가되었다. 또한 〈소리는 여러 가지 성질이 있다〉에 소리의 전달에서 다루었던 저장된다, 전달된다의 특성을 중복 추가하였다. 주제 탐구 과정은 교사 계획과 순서에 의해 이루어지기보다는 유아의 관심에 따라 문제인식, 조사와 탐구, 현장학습과 체험, 표상과 놀이, 참여와 실천 등이 순환적으로 이루어졌다. 소리 주제 전개 과정에서 실행된 주제 개념망은 [그림 3-3]과 같다. 적색의 밑줄 그은 이탤릭체 표기는 주제 전개 과정에서 추가 · 확장된 내용이다.

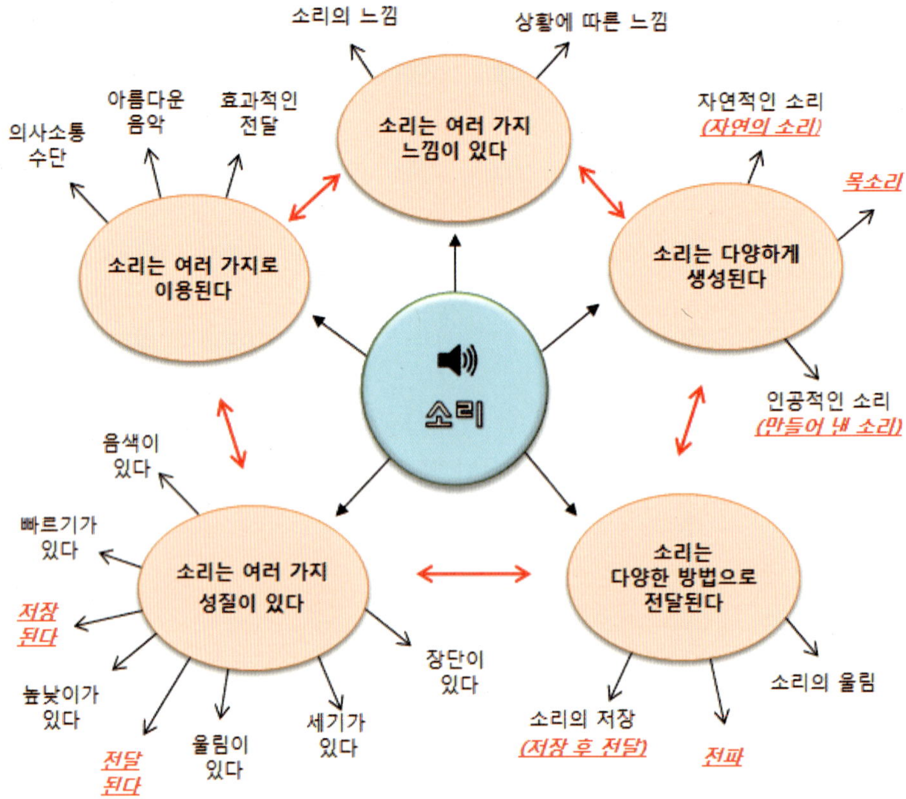

[그림 3-3] 소리 주제 전개 과정에서 실행된 주제 개념망

4. 소리 주제 전개의 특징

만 5세반의 소리 주제 전개 과정에서 나타난 특징은 다음과 같다.

첫째, 주제 탐구는 교사의 계획보다 유아들의 관심과 흥미에 의해 주제의 흐름이 결정되었다. 교사가 제공하고 선정한 관련도서와 현장학습은 유아들의 주제에 관한 관심을 지속시킬 수 있었다.

둘째, 주제 전개 활동은 궁금증 → 조사 및 탐구 → 현장체험 및 실험 → 해결책 도출과 같은 하나의 흐름에 따라 전개되었으며 유아들은 다양한 매체의 활용과 표상 활동이 활발하게 일어났다.

셋째, 유아들은 소리라는 큰 주제에서 소리의 전달이라는 과학적 개념을 다루는 부분에 특히 관심을 보였으며 조사하고 발견하는 것으로 만족하지 않고 직접 실험과 검증의 과정을 거쳐 얻어낸 결과를 더욱 가치 있게 여겼다.

넷째, 주제가 진행될수록 유아들은 또래와 상호작용하며 아이디어를 교환하거나 의사결정의 과정에 또래는 중요한 파트너였다. 이 과정을 거쳐 도출된 새로운 아이디어는 다른 놀이로 확장되거나 새로운 활동으로 창출되기도 하였다.

다섯째, 소리에 대해 알아가는 과정에서 유아들은 자신들이 알아낸 것들을 기록화하였고 기록화의 방법은 각 매체의 인지적 특성이 각기 다른 노래 짓기, 동시 짓기, 사진 찍기, 그림으로 표상하기, 구성하기 등이었다. 이러한 유아들의 기록화의 결과물은 주제의 흐름을 파악하는데 용이하였다.

Chapter 6

소리

주제 탐구의 실제

만 5세 유아의 발달적 특성

논리적 사고	• 만 5세 유아는 논리적인 사고가 가능해지면서 일상생활에서 일어나는 상황에 호기심을 갖고 사물의 현상이나 속성, 인과관계를 다양한 관점으로 생각하기 시작함
과학놀이 즐김	• 주변에서 일어나는 변화에 민감하게 반응하며 그 원인에 대해 알아보고 해결하기 위해 다양한 방법을 시도(예측, 조사, 실험, 적용)의 과정을 통한 과학적 개념이 포함된 놀이를 즐김

사회적 기술향상	• 또래와의 상호작용 기술이 발달하고 협동하기, 공유하기, 돕기, 협상하기 등의 사회적 기술을 익히게 되며 언어 표현력과 이해력이 발달함
토론 · 토의 즐김	• 사회적 소속감의 발달로 또래의 승인이 중요한 행동 준거가 되면서 의견을 상호 교환하며 토론과 토의를 통해 얻어진 결과를 놀이에 반영하기도 함

주제의 발현

동생반의 주제가 전이 되어서!

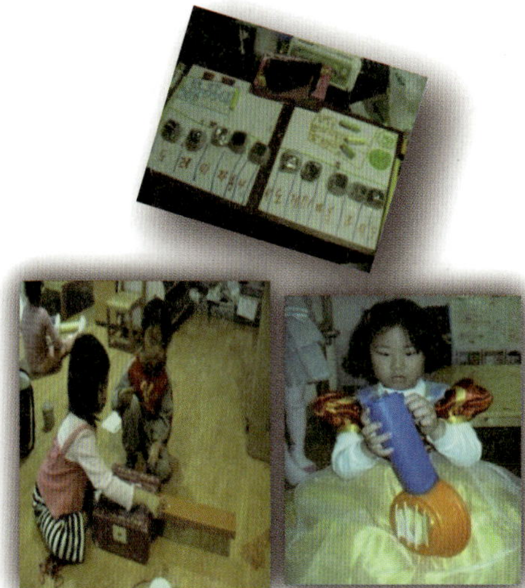

동생들이 만든 악기들

"우와~ 동생들이 만들고 있는 악기 좀 봐~ 진짜 같다~"
"건반악기도 만들었네~"
"야~ 우리도 음률영역에서 악기공연하자!"

우리도 교실에서 악기 놀이

※ '지구촌 한가족'이라는 주제가 마무리 되어갈 즈음 유아들은 유치원에서 이루어지는 만 4세반 동생들의 활동에 많은 관심을 보였다. 특히, 복도와 계단을 지나칠 때마다 보이는 재미있는 조형 작품(동생들이 만든 악기)과 콧노래가 절로 나오게 만드는 신나는 악기 연주 소리는 유아들의 호기심을 자극하기에 충분했고 그 관심은 교실의 유아들에게 영향을 미치게 되었다.

※ 이에 따라 교사는 유아들의 관심을 반영하여 '소리'라는 주제를 선정하게 되었다.

교사가 계획한 주제 개념망

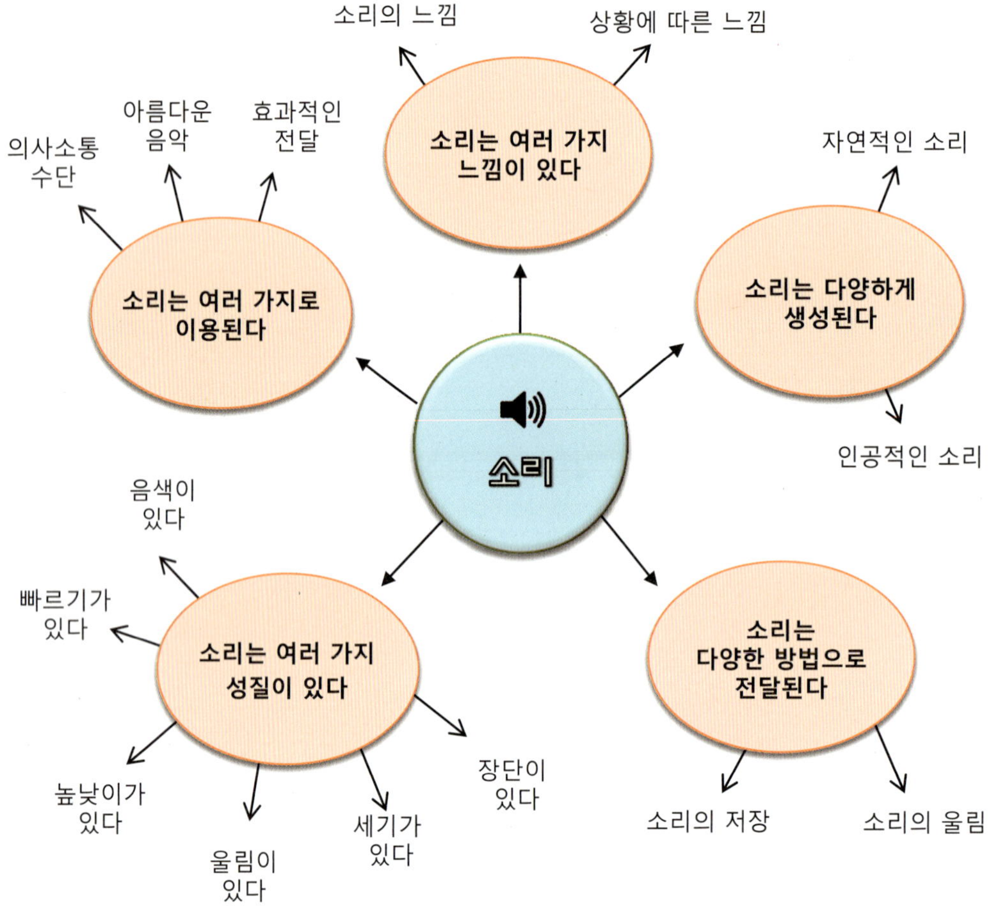

주제 전개 과정

주제 도입

- 동화 '소리 가게로 오세요' 감상 후 소리 만들기에 관심
- '소리 상자' 만들기
- 소리 탐색하기
  - 장소
  - 몸
  - 사물
- 문화 체험 하기
  - '오돌또기' 인형극 관람
  - '현악4중주' 공연 관람

주제 전개

- '현악4중주' 공연 관람
- 소리 나는 도구
- '소리 연구소' 놀이
  - 소리의 생성 : 두드림, 문지름, 튕김, 긁음, 뜯음
  - 소리의 전달 : 진동과 공기
  - 소리의 성질 : 세기, 장단, 높낮이, 빠르기, 울림, 저장
  - 소리의 이용 : 의사소통, 음악, 신호

주제 마무리

- '소리 전시회'를 하려면? (전시회 계획하기)
- 전시회 준비하기
- 부모님 초대하기
- '소리' 전시회

'소리 가게로 오세요'

주제 도입

동화 '소리 가게로 오세요' 감상 후 소리 만들기에 관심

↓

'소리 상자' 만들기

↓

소리 탐색하기
- 장소
- 몸
- 사물

문화 체험 하기
- '오뚤또기' 인형극 관람
- '현악4중주' 공연 관람

'소리 가게로 오세요' 동화책 소개하기

• 동화 : '소리 가게로 오세요' 감상하기

동화 '소리 가게로 오세요' 표지

• 유아들은 다양한 방법으로 소리를 만드는 방법에 많은 관심을 보임 (예 : 올빼미 소리 - 병 주둥이를 입으로 분다 등)

※ '소리 가게로 오세요.'는 소리를 만들어 파는 가게에 대한 이야기로 여러 가지 소리를 만드는 방법이 상세하게 소개되어진 책이다.

※ 정보 : 소리가게로 오세요. 하마다 게이코 글 그림. 웅진닷컴

'소리 상자' 만들기

주제 도입

동화 '소리 가게로 오세요' 감상 후 소리 만들기에 관심

↓

'소리 상자' 만들기

↓

소리 탐색하기
- 장소
- 몸
- 사물

문화 체험 하기
- '오돌또기' 인형극 관람
- '현악4중주' 공연 관람

여러 가지 사물로 소리 만들기

- '소리 가게로 오세요' 책에 나오는 소리 만드는 방법에 고무되어 여러 가지 방법으로 소리 만들기를 시도함

"책 속에서 어떤 소리들이 나왔니?"
"무엇으로 ○○ 소리를 만들 수 있을까?"
"어떤 소리를 만들어서 녹음할까?"

"우리가 만든 소리를 녹음해볼까?"

'소리 가게로 오세요' 책에 소개된 소리 만들기

- 소리 만들기 활동은 책에서 소개된 방법 외에 다른 소리를 만드는 놀이로 확장됨
- 뚜껑이 있는 용기 속에 종류가 다른 것을 채워 넣은 후 어떤 소리인지 알아맞히는 '소리 상자 놀이'를 유아들이 고안하게 됨
- 유아들은 함께 만든 '소리 상자'를 과학영역에 비치해두고 자유선택활동 시간마다 친구들과 함께 소리 알아맞히기 놀이를 함
- 여러 가지 소리를 만들고 찾아보면서 유아들은 자연스럽게 여러 가지 소리와 소리 만들기에 관심을 갖게 됨

'소리 상자' 만들기

주제 도입

동화 '소리 가게로 오세요' 감상 후 소리 만들기에 관심

↓

'소리 상자' 만들기

↓

소리 탐색하기

- 장소
- 몸
- 사물

문화 체험 하기

- '오돌또기' 인형극 관람
- '현악4중주' 공연 관람

다양한 재료를 이용해 소리 상자 만들기

• 주변에서 볼 수 있는 사물을 이용해 우리 주변 소리 만들기

"보슬비 오는 소리와 소나기 오는 소리는
어떻게 만들어야 할까?"
"국수 먹는 소리(트렉터 소리, 눈 밟는 소리 등)
새로운 재료로 새로운 소리를 만드는 방법을 찾아 보자."

여러 가지 재료로 새로운 소리 만들기

※ 5세의 경우 기본 소리상자 만들기, 즉 재료의 양과 종류에 따른 소리의 차이를 발견하는 3, 4세 수준의 인식 범위를 벗어나서 우리가 일상생활 속에서 흔히 들을 수 있는 소리를 가장 유사하게 만들기 위해 어떤 재료의 배합이 필요한지 생각해 볼 수 있도록 교사의 사고를 촉진하는 발문이 필요하다.

소리 탐색 : 장소

주제 도입

동화 '소리 가게로 오세요' 감상 후 소리 만들기에 관심

↓

'소리 상자' 만들기

↓

소리 탐색하기

- 장소
- 몸
- 사물

문화 체험 하기

- '오돌또기' 인형극 관람
- '현악4중주' 공연 관람

우리 주변에서 찾은 소리 : 장소(놀이터, 교실)

• 교실과 바깥놀이터에서 찾은 소리를 다양하게 표상하기

교실에서 들리는 소리 찾기

바깥놀이터에서 소리 찾기

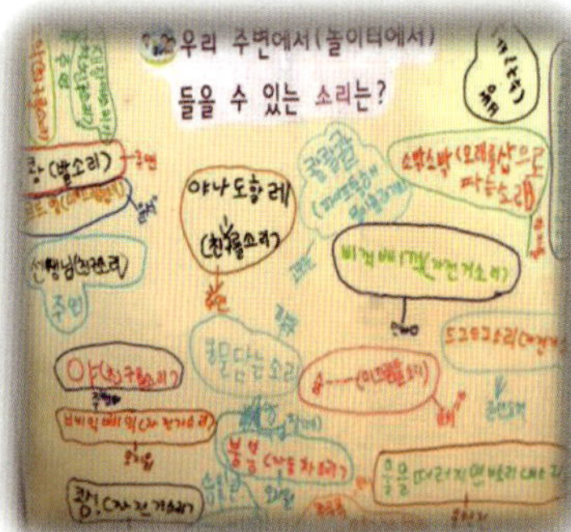

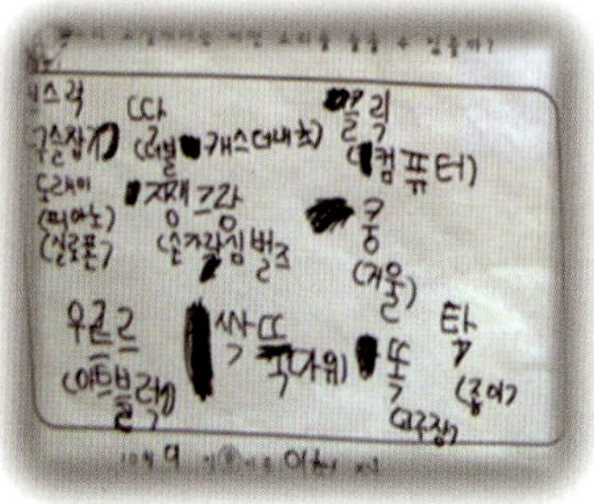

우리 주변에서 들을 수 있는 소리

※ 3세의 경우 우리 주변의 소리 찾기 활동의 경우 교사가 준비한 구체적인 실사 사진이 교수매체로 필요했다면 5세의 경우, 유아들이 장소에 따른 소리 찾기에 대한 이해가 충분하여 교사의 도움 없이 자신이 찾은 소리를 알고 있는 문자로 표현하고자 한다. 이때 교사는 글로 표현하는 유아에게 격려하며 도움이 필요한 유아를 위해서는 소리를 기록화 할 경우 글자카드 이외에 그림이나 녹음하기 등으로 기록할 수 있음을 알리고 좌절하지 않도록 세심하게 지도한다.

소리 탐색 : 몸

주제 도입

동화 '소리 가게로 오세요' 감상 후 소리 만들기에 관심

↓

'소리 상자' 만들기

↓

소리 탐색하기
- 장소
- 몸
- 사물

문화 체험 하기
- '오뚤또기' 인형극 관람
- '현악4중주' 공연 관람

우리 몸에서 찾은 소리

- 우리들 몸에서 나는 소리를 자신의 신체를 본 떠서 신체 부위마다 어떤 소리가 나는지 기록하기

"우리 몸에서 어떤 소리가 날까?"
"어떻게 그 소리를 표현해 볼 수 있을까?"

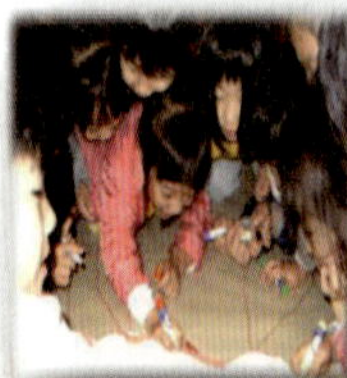

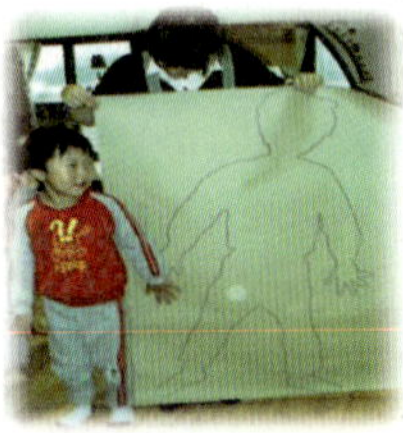

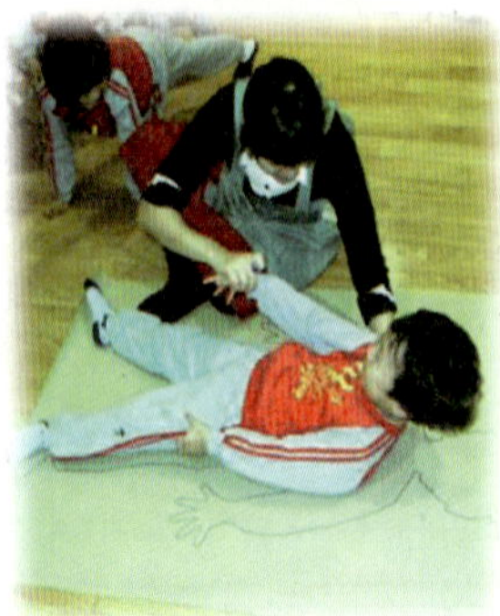

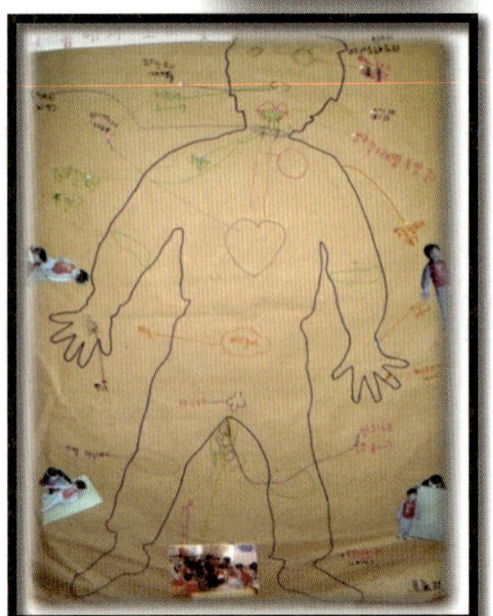

친구의 몸을 종이에 본뜨기

우리 몸의 여러 부분에서 나는 소리를 찾아 소리를 기록하기

소리 탐색 : 사물

주제 도입

동화 '소리 가게로 오세요' 감상 후 소리 만들기에 관심

↓

'소리 상자' 만들기

↓

소리 탐색하기

- 장소
- 몸
- 사물

문화 체험 하기

- '오돌또기' 인형극 관람
- '현악4중주' 공연 관람

내가 찾은 소리, 내가 만든 소리!

"이 물건으로 어떻게 소리를 낼 수 있을까?"
"어떤 소리가 나니?"
"한 가지 물건으로도 다양한 소리를 낼 수 있구나!"

"수수께끼 판을 손톱으로 긁으면 '드극- 드극-'

"종이를 이렇게 손가락으로 튕기면 '툭 툭 텅 텅'"

"칼라펜을 바닥에 굴리면 '드르르르르~'

"종이를 구기면.... 여러 가지 섞인 소리!"

- 교실에서 여러 가지 물건을 찾아 다양한 방법으로 소리 만들기 활동을 하면서 방법을 달리하면 하나의 물건으로도 다양한 소리를 낼 수 있음을 발견하였음

문화 체험 : 인형극 오돌또기

주제 도입

동화 '소리 가게로 오세요' 감상 후 소리 만들기에 관심

↓

'소리 상자' 만들기

↓

소리 탐색하기

- 장소
- 몸
- 사물

문화 체험 하기

- '오돌또기' 인형극 관람
- '현악4중주' 공연 관람

'오돌또기' 소리 인형극 관람

- 지역사회 인형극단이 공연하는 '오돌또기' 소리인형극 관람하기 (주제 활동 시기과 공연 일정이 맞아 매우 유용했음)

"소리 인형극에서는 어떤 소리를 들었니?"
"인형극을 관람하는 관객들에게서는 어떤 소리를 들을 수 있었니?"

인형극의 움직임이나 대화가 해설과 대사가 아닌 인형의 몸동작과 재미있는 소리로 표현된 독특한 방식의 공연

'오돌또기' 소리 인형극을 보며 찾은 소리를 그림과 글로 표상하기

문화 체험 : 현악 4중주 관람

주제 도입

동화 '소리 가게로 오세요' 감상 후 소리 만들기에 관심

↓

'소리 상자' 만들기

↓

소리 탐색하기

- 장소
- 몸
- 사물

문화 체험 하기

- '오돌또기' 인형극 관람
- '현악4중주' 공연 관람

전문가 초빙 : 현악 4중주 공연 관람하기

• 4세 학급과 공동으로 앙상블 현악 4중주 공연 관람하기

"소개한 악기들은 어떻게 생겼니?"
"각 악기에서는 어떤 소리가 날까?"
" 왜 이런 소리가 나는 걸까?"
"악기들을 어떤 방법으로 연주하였니?"

현악 4중주 공연 관람

"첼로는 왜 세워서 연주해요?

'궁금한 것이 있어요!'

"악기마다 생김새가 다른 것처럼 연주하는 방법도 각각 다르단다."

※ 소리에 대한 관심을 지역사회에서 하는 공연 및 문화체험과 연계하여 참여해 보면 흥미를 유발하고 주제가 더 확장될 수 있도록 한다.

※ 공연 및 문화체험이 주말이나 주중 저녁에 예정되었다면 미리 가정으로 안내하기

‘현악 4중주’ : 소리의 느낌

주제 전개

- ‘현악 4중주’ 공연 관람
- 소리 나는 도구
- ‘소리 연구소’ 놀이
  - 소리의 생성 : 두드림, 문지름, 튕김, 긁음, 뜯음
  - 소리의 전달 : 진동과 공기
  - 소리의 성질 : 세기, 장단, 높낮이, 빠르기, 울림, 저장, 음색, 전달
  - 소리의 이용 : 의사소통, 음악, 신호

소리는 여러 가지 느낌이 있어요!

- 앙상블 현악 4중주 감상 후 소리가 주는 느낌에 대해 알아봄

"음악을 들으니 어떤 느낌이 드니?"
"왜 그런 느낌이 들었니?"
"어떤 부분에서 그런 느낌이 들었니?"

여러 가지 소리가 우리에게 주는 느낌은?

"조용한 음악을 들으면 슬픈 느낌이 들어!"

여러 가지 소리가 가진 다양한 느낌 표현하기

- "조용한 음악을 들으니까 슬픈 느낌이 들었어요." , "텔레비전 광고에 나오는 음악 있잖아요. 그 음악을 들으니까 기분이 좋아졌어요."
- 유아들과 여러 곡의 음악을 들으며 느낀 다양한 감정들을 말로 표현해보면서 음악과 더불어 소리가 주는 다양한 느낌들을 슬프다, 즐겁다, 무섭다, 조용하다, 빠르다, 느리다, 어둡다, 포근하다 등의 어휘로 표현해 봄

소리 나는 도구 : 악기

주제 전개

'현악 4중주'
공연 관람

소리 나는 도구

'소리 연구소' 놀이

소리의 생성 :
두드림, 문지름, 튕김, 긁음, 뜯음

소리의 전달 :
진동과 공기

소리의 성질 :
세기, 장단, 높낮이, 빠르기, 울림, 저장, 음색, 전달

소리의 이용 :
의사소통, 음악, 신호

악기가 궁금해요! : 악기점 현장학습

• 앙상블 현악 4중주 감상 후 소리 나는 도구로써 악기에 대한 궁금증을 기록한 질문목록을 가지고 악기점을 방문함

악기점에서 악기 탐색

'궁금한 것이 있어요!'

• 공연 후 유아들은 인터넷과 책을 이용해 현악 4중주에 사용된 악기인 바이올린, 비올라, 첼로 등에 대해 알아보기 시작하였고 악기의 모양과 재질, 연주방법 등에 관심을 갖게 됨

• 악기에 대한 궁금증이 늘어나자 문제를 해결하기 위해 악기점을 방문함

※ 악기점에서 전문가로부터 현악기, 관악기 등과 같은 전문 용어를 사용한 상세한 설명과 악기를 직접 조작하는 기회를 제공받았다.

소리 나는 도구 : 소리와 구멍

주제 전개

'현악 4중주' 공연 관람

소리 나는 도구

'소리 연구소' 놀이

소리의 생성 : 두드림, 문지름, 튕김, 긁음, 뜯음

소리의 전달 : 진동과 공기

소리의 성질 : 세기, 장단, 높낮이, 빠르기, 울림, 저장, 음색, 전달

소리의 이용 : 의사소통, 음악, 신호

여러 가지 악기 관찰 : 악기의 '구멍'

• 악기의 구조를 관찰하고 소리의 원리를 탐색함

"음악을 들으니 어떤 느낌이 드니?"
"왜 그런 느낌이 들었니?"
"어떤 부분에서 그런 느낌이 들었니?"
"단소와 리코더는 비슷하게 생겼는데 왜 소리가 다를까?"
"하모니카의 구멍은 모두 몇 개지?"
"리코더는 왜 구멍마다 소리가 다를까?"

구멍의 구조와 소리의 관계 탐색하기

• 악기의 생김새와 연주방법, 소리 등이 비슷한 악기를 비교 · 관찰하면서 구멍의 숫자와 크기가 소리의 차이에 영향을 준다는 사실을 검증하기 위해 실험을 거듭하게 됨

'소리 연구소'

주제 전개

'현악 4중주'
공연 관람

소리 나는 도구

'소리 연구소' 놀이

소리의 생성 : 두드림, 문지름, 튕김, 긁음, 뜯음

소리의 전달 : 진동과 공기

소리의 성질 : 세기, 장단, 높낮이, 빠르기, 울림, 저장, 음색, 전달

소리의 이용 : 의사소통, 음악, 신호

'소리 연구소' : 소리에 대해 무엇이든 연구합니다!

- 소리연구소가 생겼어요' : 유아들은 소리에 대해 연구하고 싶다고 소리 연구를 위한 공간을 구성함

'소리 연구소' 설계와 구성

- 유아들은 교실의 쌓기놀이 영역에 '소리 연구소'를 구성한 후 소리에 대한 궁금증을 검증하는 실험놀이가 활발하게 이루어짐

'소리 연구소' : 비밀의 방

주제 전개

'현악 4중주' 공연 관람

소리 나는 도구

'소리 연구소' 놀이

소리의 생성 : 두드림,문지름,튕김, 긁음,뜯음

소리의 전달 : 진동과 공기

소리의 성질 : 세기, 장단, 높낮이, 빠르기, 울림, 저장, 음색, 전달

소리의 이용 : 의사소통, 음악, 신호

'소리연구소' : 비밀의 방

- '비밀의 방' : 소리 연구를 위해 필요한 방음 공간을 구성함

"소리실험을 하려면 실험실을 어떻게 만들면 좋을까?"
"안에서 다른 소리가 들리지 않으려면 어떻게 하면 좋을까?"
"담요를 덮으면 왜 소리가 잘 들리지 않을까?"

'소리연구소' 비밀의 방

※ 소리연구소 중 '비밀의 방'은 외부의 소음으로부터 방해 받지 않고 소리실험을 하기 위하여 유아들이 빅블럭으로 골격을 세우고 위에 두꺼운 담요로 덮어 소음을 차단하도록 설계되었다.

소리의 생성 : 소리실험

주제 전개

'현악 4중주' 공연 관람

소리 나는 도구

'소리 연구소' 놀이

소리의 생성 : 두드림, 문지름, 튕김, 긁음, 뜯음

소리의 전달 : 진동과 공기

소리의 성질 : 세기, 장단, 높낮이, 빠르기, 울림, 저장, 음색, 전달

소리의 이용 : 의사소통, 음악, 신호

여러 가지 소리 실험

"냄비를 머리에 쓰고 두드리면 뚝뚝 끊어지는 소리가 나."

"심벌즈를 치면 큰소리가 나잖아~ 그런데 다리에 놓으면 소리가 금방 멈춰."

"장구채를 바꿔서 치면 소리도 바뀔까?"

"여러 가지 재료를 섞어서 흔들면...."

- 소리 연구소에는 교사가 내어 준 첼로와 바이올린을 비롯해 국악기와 유아들이 집에서 가져온 다양한 종류의 악기들로 가득 차게 되었는데 유아들은 악기들의 소리를 서로 비교해 보기도 하고 악기의 종류를 하나의 준거로 분류하여 전시하기도 하였음

소리의 생성 : 떨림과 울림

주제 전개

‘현악 4중주’ 공연 관람

소리 나는 도구

‘소리 연구소’ 놀이

소리의 생성 : 두드림, 문지름, 튕김, 긁음, 뜯음

소리의 전달 : 진동과 공기

소리의 성질 : 세기, 장단, 높낮이, 빠르기, 울림, 저장, 음색, 전달

소리의 이용 : 의사소통, 음악, 신호

몸체와 현의 ‘떨림과 ‘울림’: 첼로와 바이올린

"첼로를 켤 때 몸체를 만지면 손바닥이 간지러워. 소리가 날 때 악기가 울리고 있어."

"선생님 떨리니까 소리가 들리는 것 같아요."

"아~하고 소리 낼 때 목을 만져봐. 목이 울리고 있다는 걸 알 수 있어."

"핸드폰의 진동 때문에 칼라펜이 움직이는 소리도 들려."

소리의 떨림과 진동 실험

- ‘소리의 전달’에 대한 궁금증을 탐색의 과정을 통해 발견할 수 있도록 교사는 첼로와 바이올린을 유아들에게 연주해 주고 유아들이 직접 악기를 만져볼 수 있도록 하였는데 이때 악기가 연주될 때 몸체와 현이 떨리고 있음을 발견함
- 이후 다양한 떨림을 찾기 시작하였는데 큰북과 심벌즈 연주에서 유아들은 ‘소리는 떨리기 때문에 들린다’는 결론을 얻게 됨

소리의 생성 : 떨림과 울림

주제 전개

- '현악 4중주' 공연 관람
- 소리 나는 도구
- '소리 연구소' 놀이
  - **소리의 생성 :** 두드림, 문지름, 튕김, 긁음, 뜯음
  - **소리의 전달 :** 진동과 공기
  - **소리의 성질 :** 세기, 장단, 높낮이, 빠르기, 울림, 저장, 음색, 전달
  - **소리의 이용 :** 의사소통, 음악, 신호

소리를 낼 수 있는 방법에는 어떤 것이 있을까?

• 소리를 낼 수 있는 방법에 대해서 유아들의 생각을 모음

우리들이 알아본 소리를 낼 수 있는 방법들

유아의 사진

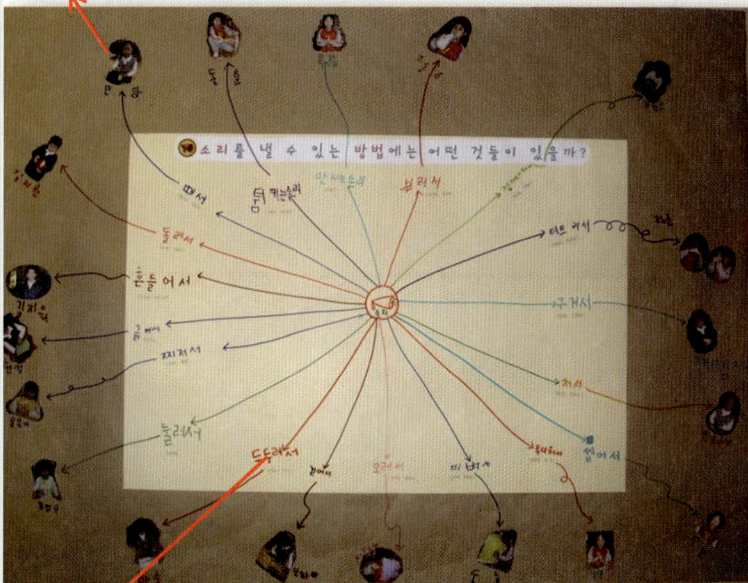

'두드려서' 이외에 부딪쳐서, 터트려서, 흔들어서, 눌러서, 긁어서, 만져서, 비벼서, 찢어서, 씹어서, 오려서, 걷어서, 쳐서, 떼서, 돌려서, 접었다 펴서 등의 생각을 모음

소리의 전달 : 진동과 공기

주제 전개

- '현악 4중주' 공연 관람
- 소리 나는 도구
- '소리 연구소' 놀이
  - 소리의 생성 : 두드림, 문지름, 튕김, 긁음, 뜯음
  - **소리의 전달 : 진동과 공기**
  - 소리의 성질 : 세기, 장단, 높낮이, 빠르기, 울림, 저장, 음색, 전달
  - 소리의 이용 : 의사소통, 음악, 신호

소리는 어떻게 들을 수 있을까? : 소리의 진동과 '공기'

"[소리]책에 공기가 없으면 소리를 들을 수 없다고 나왔어."

소리의 전달 과정 토의

소리의 진동 실험

"책에 나온 방법대로 북 위에 콩을 얹어 놓고 북을 한번 쳐볼까?"

"와아~! 콩이 움직인다. 춤추는 것 같애!"

"북을 만져봐 울리고 있어."

- '소리 연구소' 놀이가 시작되면서 유아들은 '소리는 어떻게 들을 수 있는 것일까?'라는 궁금증이 생김
- 인터넷과 과학책을 이용해 유아들은 '진동'과 '공기'가 소리의 전달과 관련이 있음을 발견함
  - 소리는 진동하며 그 진동을 공기가 우리의 귀까지 전달해 준다!

※ 교사는 유아들이 쉽게 공유할 수 있도록 과학책의 '소리의 전달과정'을 확대 복사하여 유아들과 함께 알아 볼 수 있다.

소리의 전달 : 진동과 공기

주제 전개

'현악 4중주' 공연 관람

소리 나는 도구

'소리 연구소' 놀이

- 소리의 생성 : 두드림, 문지름, 튕김, 긁음, 뜯음
- **소리의 전달 : 진동과 공기**
- 소리의 성질 : 세기, 장단, 높낮이, 빠르기, 울림, 저장, 음색, 전달
- 소리의 이용 : 의사소통, 음악, 신호

소리는 어떻게 들을 수 있을까? : 소리의 '진동' 과 '공기'

• 소리의 전달 원리에 대해 관심을 가지고 알아봄

소리의 전달 원리 알아보기

※'소리의 전달'에 대한 궁금증을 조사하기 위해서는 학급에 동화책 이외에 지식 동화나 유아용 지식 백과 서적을 준비해야 한다. 5세 유아들은 인지적으로 과학놀이를 즐기고 사회성도 발달하여 친구들과의 토론이 가능하기 때문에 탐구의 기회를 제공하는 것은 유아들의 호기심 충족에 매우 유용하다.

소리의 전달 : 진동과 공기

주제 전개

- '현악 4중주' 공연 관람
- 소리 나는 도구
- '소리 연구소' 놀이
  - 소리의 생성 : 두드림, 문지름, 튕김, 긁음, 뜯음
  - **소리의 전달 : 진동과 공기**
  - 소리의 성질 : 세기, 장단, 높낮이, 빠르기, 울림, 저장, 음색, 전달
  - 소리의 이용 : 의사소통, 음악, 신호

소리는 어떻게 들을 수 있을까? :소리의 '진동'과 '공기'

- 소리의 전달 원리 : 유아들은 지식백과를 통해 소리의 전달 원리와 전달 과정을 이해하고 그림으로 표상함

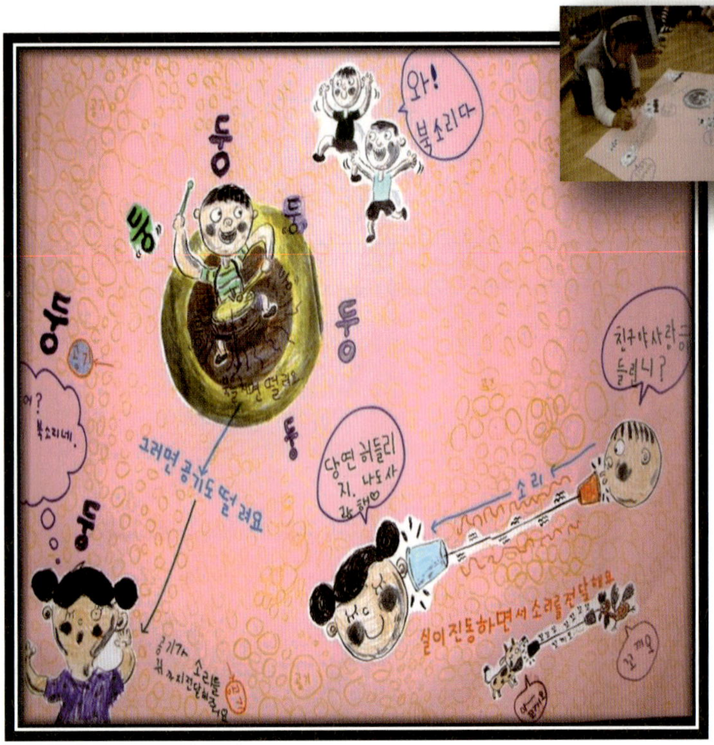

소리가 전달되는 과정 알아보기

소리의 전달 : 소리섬 박물관

주제 전개

'현악 4중주' 공연 관람

소리 나는 도구

'소리 연구소' 놀이

소리의 생성 : 두드림, 문지름, 튕김, 긁음, 뜯음

소리의 전달 : 진동과 공기

소리의 성질 : 세기, 장단, 높낮이, 빠르기, 울림, 저장, 음색, 전달

소리의 이용 : 의사소통, 음악, 신호

소리 전달에 대해서 더 알고 싶어요! : 현장학습

"축음기는 어떻게 소리를 낼까?"
"또 소리를 전달하는 물건은 어떤 것들이 있을까?"

축음기의 원리

다양한 악기 연주하기

발로 치는 피아노

엄마 뱃 속 소리

- '소리의 전달'에 대한 궁금증을 알아보기 위해 방문한 소리섬 박물관에서 유아들은 소리의 전달에 대한 명쾌한 해답을 얻지 못한 반면 축음기, 확성기, 스피커 등과 같은 소리 전달매체에 관심을 가지게 되었음
- 이는 이후 유아들이 유치원으로 돌아와 확성기 놀이와 실전화기 놀이로 이어졌으며 다양한 놀이들로 인해 소리의 전달에 대한 이해가 확장됨

소리의 전달 : 실전화기 놀이

주제 전개

- '현악 4중주' 공연 관람
- 소리 나는 도구
- '소리 연구소' 놀이
  - 소리의 생성 : 두드림, 문지름, 튕김, 긁음, 뜯음
  - 소리의 전달 : 진동과 공기
  - 소리의 성질 : 세기, 장단, 높낮이, 빠르기, 울림, 저장, 음색, 전달
  - 소리의 이용 : 의사소통, 음악, 신호

확성기 놀이 : 소리가 좁은 관을 통해!

• 소리의 전달매체인 확성기를 만들어 소리의 전달 원리를 실험

"좁은 관을 지나가는 소리는 그냥 말소리와 어떻게 다르니?"
"왜 소리가 더 크게 들리는 걸까?"
"소리는 어느 정도의 거리까지 전달될 수 있을까?"

" 야~ 엄마랑 헤어졌을 때 작은 목소리로 엄마에게 크게 전달할 수 있겠다."

종이를 말아 확성기 놀이하기

"확성기에 입을 가까이 대고 소리를 내봐! 엄청 큰 소리가 나."

• '소리섬 박물관'에서 소리 전달매체에 관심을 갖게 된 유아들은 소리를 전달할 수 있는 것들을 만들기 시작함(실전화기, 소리관, 확성기 등)
• 확성기 놀이를 통해 좁은 관을 지나가는 소리는 실제 소리보다 더 크게 멀리 보낼 수 있다는 사실을 알게 되었는데 이는 소리의 또 다른 성질을 알아가는 시발점이 되었음

소리의 전달 : 실전화기 놀이

실험 : '소리의 크기'와 '실의 길이'

"어떤 실전화기가 더 잘 들릴까?"
"왜 실이 팽팽해야 더 잘 들릴까?"
"실의 길이가 어떨 때 더 잘 들릴까?"

"실의 길이가 중요해!"

"너희 둘이 더 뒤로 가봐. 실전화기 끈이 팽팽해야 소리가 더 잘 들리거든. 내가 해봤어."

소리의 크기와 실의 길이 실험하기

- '소리섬 박물관'에서 소리 전달매체에 관심을 갖게 된 유아들은 실전화기 놀이를 하며 누가 만든 실전화기가 더 잘 들리는지에 관심을 가짐
- 실전화기 실험을 통해 실의 길이와 실의 상태(팽팽함의 정도)가 소리의 크기에 영향을 미친다는 것을 발견함

소리의 전달 : 실전화기 놀이

실험 : '소리의 크기', '실의 종류', '거리'

실의 종류와 소리의 크기 실험 자료

소리의 크기와 실의 길이, 굵기, 입과의 거리 관계 실험하기

- 실의 길이가 소리의 크기에 영향을 미친다는 것을 발견한 후 실의 종류를 다르게 하여 만든 친구들의 실전화기로도 소리를 비교해 봄
- 실의 종류(실의 표면과 굵기 등)도 소리의 크기에 영향을 미친다는 것과 컵과 소리를 내는 입의 거리도 소리의 크기에 영향을 미친다는 것을 발견함

소리의 전달 : 실전화기 놀이

주제 전개

- '현악 4중주' 공연 관람
- 소리 나는 도구
- '소리 연구소' 놀이
  - **소리의 생성 :** 두드림, 문지름, 튕김, 긁음, 뜯음
  - **소리의 전달 :** 진동과 공기
  - **소리의 성질 :** 세기, 장단, 높낮이, 빠르기, 울림, 저장, 음색, 전달
  - **소리의 이용 :** 의사소통, 음악, 신호

실험 : '소리의 크기', '실의 종류', '거리'

- 어떤 실전화기가 더 소리를 전달하지 알아보는 실험 결과물
- 실의 길이가 다른 경우와 실의 종류가 다른 경우 비교하기

어떤 실전화기가 소리를 더 잘 전달할까?

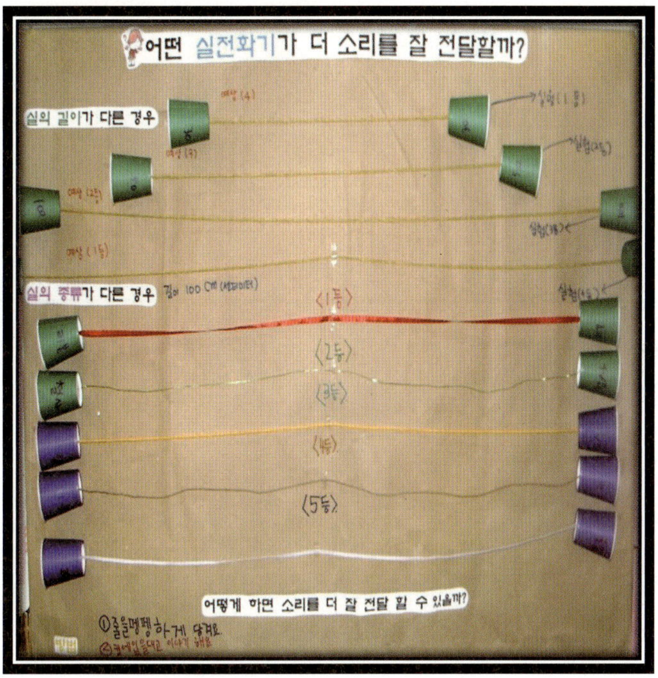

소리의 전달과 실의 종류의 관계 알아보기

소리의 전달 : 소리관 놀이

주제 전개

- '현악 4중주' 공연 관람
- 소리 나는 도구
- '소리 연구소' 놀이
  - 소리의 생성 : 두드림, 문지름, 튕김, 긁음, 뜯음
  - 소리의 전달 : 진동과 공기
  - 소리의 성질 : 세기, 장단, 높낮이, 빠르기, 울림, 저장, 음색, 전달
  - 소리의 이용 : 의사소통, 음악, 신호

소리의 전달 : '소리관' 놀이

• 소리의 전달매체인 소리관을 만들어 소리의 전달 원리를 실험

'소리관'

'소리관'을 통한 소리 전달 실험

• 유아들이 만든 '소리관' 놀이
유아들은 실전화기 놀이에 만족하지 않고 종이키친타월 심지를 여러 개 이어 붙여서 소리관을 통해 소리 전달 놀이를 하고 그 이후 직경이 가는 빨대관과 호스 등으로 소리 전달 놀이를 확장함 (실전화기 놀이→ 소리관 → 빨대관 놀이 → 호스 놀이)

※ 이때 교사는 유아의 활동을 면밀히 관찰하여 유아가 자료의 변인을 다양화할 수 있도록 안내하고 상호작용한다.

소리의 전달 : 노래 짓기

주제 전개

'현악 4중주'
공연 관람

소리 나는 도구

'소리 연구소' 놀이

소리의 생성 :
두드림, 문지름, 튕김, 긁음, 뜯음

소리의 전달 :
진동과 공기

소리의 성질 :
세기, 장단, 높낮이, 빠르기, 울림, 저장, 음색, 전달

소리의 이용 :
의사소통, 음악, 신호

해뜸반 작사 작곡 : 소리는 어떻게 들을 수 있을까?

- 노래 짓기 : 유아들은 소리의 전달에 대한 원리를 적용하여 노랫말을 만든 후 곡을 붙여 노래 짓기를 함

소리는 어떻게 들을 수 있을까?

소리 전달에 대해 알게 된 개념을 모아 노래 짓기

소리의 전달 : 방송국 현장학습

주제 전개

- '현악 4중주' 공연 관람
- 소리 나는 도구
- '소리 연구소' 놀이
  - 소리의 생성 : 두드림,문지름,튕김, 긁음,뜯음
  - **소리의 전달 : 진동과 공기**
  - 소리의 성질 : 세기, 장단, 높낮이, 빠르기, 울림, 저장, 음색, 전달
  - 소리의 이용 : 의사소통, 음악, 신호

'전파' 로 소리를 전달하는 방송국 현장

방송국의 소리 전달과 전파

- 소리섬 박물관에서 소리를 전달해주는 다양한 매체를 접한 유아들은 그 중 텔레비전에 가장 많은 관심을 보였고 궁금증을 알아보기 위해 방송국을 견학함
- 방송국에서 텔레비전의 화면과 소리를 우리 집까지 '전파'로 전달한다는것을 알게 됨
- 그러나 현실적으로 유아들은 소리를 '전파'로 전달한다는 사실보다 방송국에서 경험한 것에 더 많은 관심과 흥미를 보임 (추후 방송국 놀이로 확장됨)

소리의 전달 : 방송국 놀이

주제 전개

'현악 4중주'
공연 관람

소리 나는 도구

'소리 연구소' 놀이

소리의 생성 :
두드림, 문지름, 튕김, 긁음, 뜯음

소리의 전달 :
진동과 공기

소리의 성질 :
세기, 장단, 높낮이, 빠르기, 울림, 저장, 음색, 전달

소리의 이용 :
의사소통, 음악, 신호

방송국 놀이 : 아나운서가 되어 소식을 전해요

• 방송국 현장학습 후 후속활동으로 방송국 놀이를 함

"방송국에서 어떻게 우리 집까지 소리를 보낼 수 있니?"
"소리를 잘 들으려면 우리 집에 무엇이 있어야 할까?"
"안테나는 어떤 일을 한다고 했니?"

"전파를 보내려면 안테나 먼저!"

선생님은 유아들이 만든 안테나를 설치하는 기술자로 돕기

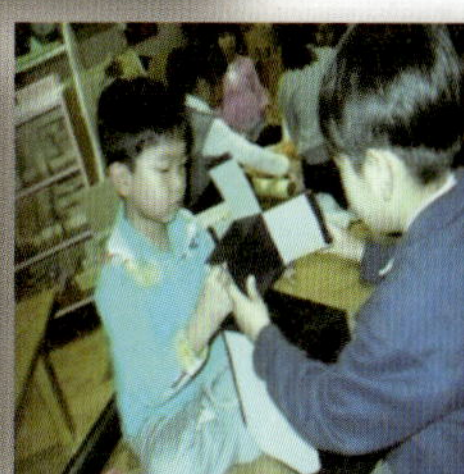

"뉴스 원고에 어떤 소식을 쓸까?"

"촬영하려면 조명이 필요해."

"화면 가운데 나오게 잘 찍어줘!"

방송국 극화놀이로 '소리'에 대한 개념 통합

소리의 성질

주제 전개

'현악 4중주' 공연 관람

소리 나는 도구

'소리 연구소' 놀이

소리의 생성 : 두드림, 문지름, 튕김, 긁음, 뜯음

소리의 전달 : 진동과 공기

소리의 성질 : 세기, 장단, 높낮이, 빠르기, 울림, 저장, 음색, 전달

소리의 이용 : 의사소통, 음악, 신호

소리의 성질

소리의 성질

세기(크기)가 있다

누가 누가 소리를 길게 낼까?(그래프)

장단(길이)이 있다

높낮이가 있다

울림이 있다

빠르기가 있다

저장된다

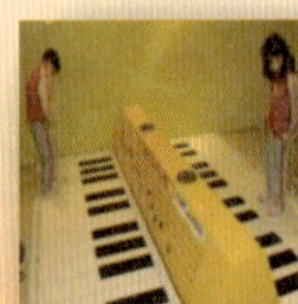

음색이 있다

전달된다

소리의 성질 : 세기

• 우리 교실에서 큰 소리와 작은 소리 찾아 보기

우리 교실에서 나는 소리 크기 비교표

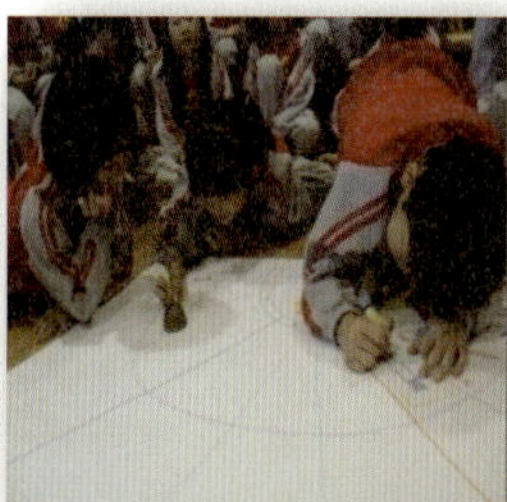

• '우리 교실에서 가장 큰 소리와 작은 소리는 무엇일까?' 소리 비교하기 활동이 이루어짐(마우스 클릭 소리와 가위질 소리 중 어떤 소리가 더 클까? 등)

※ 교사는 이 활동을 '소리의 크기를 비교'하는 활동에서 '때와 장소에 어울리는 소리 찾기' 활동으로 연결하여 줌

소리의 성질 : 장단

주제 전개

'현악 4중주' 공연 관람

소리 나는 도구

'소리 연구소' 놀이

소리의 생성 : 두드림, 문지름, 튕김, 긁음, 뜯음

소리의 전달 : 진동과 공기

소리의 성질 : 세기, 장단, 높낮이, 빠르기, 울림, 저장, 음색, 전달

소리의 이용 : 의사소통, 음악, 신호

누가 소리를 더 길게 낼까?:

• 유아들은 누가 소리를 길게 내는지 게임을 제안함

숨을 크게 들여 마시고 '아~~~' 소리를 내야 길게 낼 수 있어요.

소리를 길게 내는 방법 알아보기

교실에서 이루어진 '소리의 성질' 관련 활동

- 우리 교실에서 가장 작은 소리와 큰 소리는?
- 누가 가장 길게 아~ 소리를 낼까?
- 리듬악기 중 가장 긴 소리와 짧은 소리를 가진 것은?
- 도레미파솔라시도 중에서 어떤 음일까? (피아노의 한 음 듣고 알아맞히기 등)
- 음악 감상하며 선으로 표현하기
- 음은 같지만 소리가 다른 말은?
- 박자카드 보고 박자치기
- 음악에 맞춰 지휘하기 등이 있다.

• '소리 연구소'에서 '누가 더 목소리가 클까?' 시합이 벌어지게 되면서 교실은 유아들의 큰 목소리로 소란스러워지자 놀이에 방해가 된다는 친구들의 항의에 시합은 종료됨

• 시합이 중단됨을 아쉬워하는 유아들을 위해 교사가 '누가 더 소리를 길게 낼까?' 시합을 제안함

소리의 성질 : 장단

주제 전개

- '현악 4중주' 공연 관람
- 소리 나는 도구
- '소리 연구소' 놀이
  - 소리의 생성 : 두드림, 문지름, 튕김, 긁음, 뜯음
  - 소리의 전달 : 진동과 공기
  - **소리의 성질 : 세기, 장단, 높낮이, 빠르기, 울림, 저장, 음색, 전달**
  - 소리의 이용 : 의사소통, 음악, 신호

소리의 길고 짧음 : 장단

• 게임 : 유아들은 '누가 누가 소리를 길게낼까?' 게임을 함

"소리를 길게 내려면 어떻게 해야 할까?"
"누가 소리를 가장 길게 냈을까?"
"소리는 길게, 짧게 낼 수 있구나."

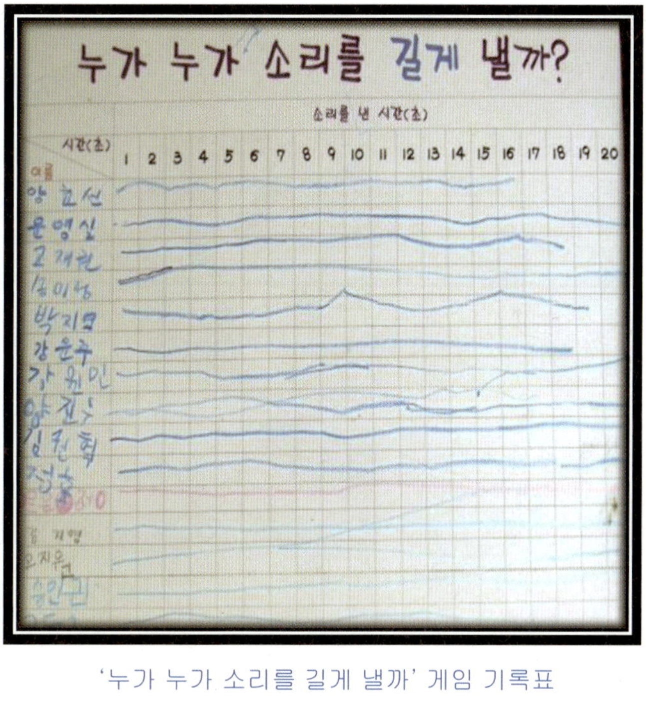

'누가 누가 소리를 길게 낼까' 게임 기록표

소리의 성질 : 빠르기, 높낮이

주제 전개

'현악 4중주' 공연 관람

소리 나는 도구

'소리 연구소' 놀이

소리의 생성 : 두드림, 문지름, 튕김, 긁음, 뜯음

소리의 전달 : 진동과 공기

소리의 성질 : 세기, 장단, 높낮이, 빠르기, 울림, 저장, 음색, 전달

소리의 이용 : 의사소통, 음악, 신호

소리의 높고 낮음, 그리고 빠르고 느림

• 실험 : 사과, 키위, 토마토 등 과일의 종류에 따라 믹서기에 갈았을 때 소리의 차이를 그래프 형태로 표상하여 비교함

"과일을 갈 때 어떤 소리가 났니?"
"(빠른 부분) 이 부분에서는 어떻게 지휘하면 좋을까?"
"선으로 그린다면 어떻게 표현할 수 있을까?"

"이 소리 좀 들어봐! 위~~~잉, 위-잉 길었다 짧았다 하고 있어"

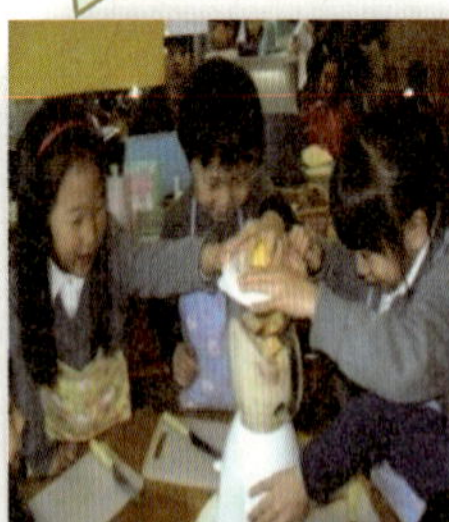

요리활동을 하며 소리 비교하기

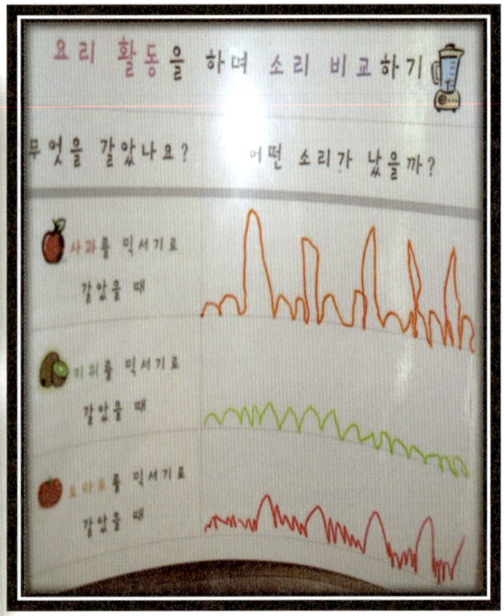

과일을 믹서기에 갈 때의 소리를 선으로 표현하여 비교하기

소리의 성질 : 빠르기, 높낮이

주제 전개

'현악 4중주' 공연 관람

소리 나는 도구

'소리 연구소' 놀이

소리의 생성 : 두드림, 문지름, 튕김, 긁음, 뜯음

소리의 전달 : 진동과 공기

소리의 성질 : 세기, 장단, 높낮이, 빠르기, 울림, 저장, 음색, 전달

소리의 이용 : 의사소통, 음악, 신호

소리의 높고 낮음, 그리고 빠르고 느림

• 코시코스 우편마차 감상 : 음악 감상 후 소리의 길고 짧음을 지휘하기와 선으로 표현하기

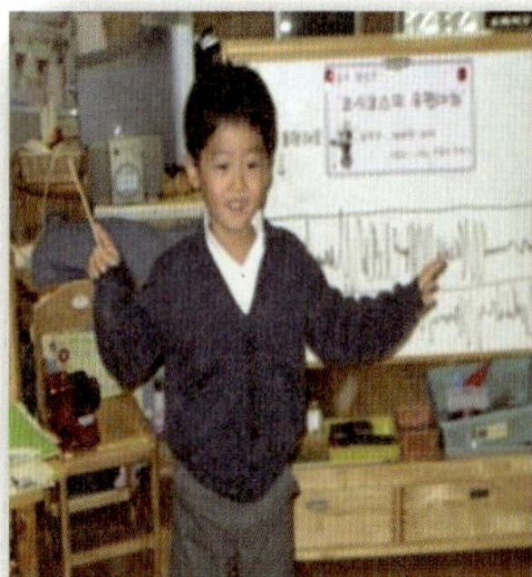

소리의 빠르기와 높낮이를 신체와 종이 테이프로 표상하기

※ 교사는 유아들이 여러 가지 음악을 감상하며 음의 빠르기와 높낮이 등에 맞춰 신체를 이용해 지휘해 보거나 선으로 표현하는 등 소리의 성질을 다양하게 표현할 수 있도록 계획할 수 있다.

※ 교사는 음악을 선정할 때 소리의 성질을 쉽게 변별할 수 있는 곡을 선정함으로써 목적에 적합한 활동이 되도록 주의를 기울인다.

소리의 성질 : 저장

주제 전개

- '현악 4중주' 공연 관람
- 소리 나는 도구
- '소리 연구소' 놀이
  - 소리의 생성 : 두드림, 문지름, 튕김, 긁음, 뜯음
  - 소리의 전달 : 진동과 공기
  - **소리의 성질 : 세기, 장단, 높낮이, 빠르기, 울림, 저장, 음색, 전달**
  - 소리의 이용 : 의사소통, 음악, 신호

소리의 저장 : 우리 이 소리를 유치원에 가져가자!

• 유아들은 근린 공원에서 자연의 소리를 녹음기로 저장해 옴

"어떤 소리가 들리니?'
"이 소리를 교실에서도 듣고 싶다면 어떻게 하면 좋을까?"
"우리가 들었던 소리가 잘 녹음되었니?"
"녹음해서 들어보니 어떠니?"

근린공원에서 소리 탐색 후 소리저장 활동

• 근린공원으로 산책을 나가 바람소리와 새소리, 낙엽 밟는 소리 등을 녹음하고 유치원으로 들어와 녹음한 것을 들어봄

• 교실에서 유아들이 만든 소리를 녹음하며 소리는 저장할 수 있고 시간이 흐른 뒤에도 들을 수 있다는 것을 재인식 하게 됨

소리의 성질 : 음색

주제 전개

'현악 4중주' 공연 관람

소리 나는 도구

'소리 연구소' 놀이

소리의 생성 : 두드림, 문지름, 튕김, 긁음, 뜯음

소리의 전달 : 진동과 공기

소리의 성질 : 세기, 장단, 높낮이, 빠르기, 울림, 저장, 음색, 전달

소리의 이용 : 의사소통, 음악, 신호

소리가 가진 음색 : 소리는 특색

• 악기가 가진 소리의 성질을 탐색 · 비교하기

"피아노에 녹음되어 있는 악기 소리들을 들어보니 어떠니?"
"어떤 악기의 소리인 것 같니?"
"이 악기의 소리는 어떤 느낌이 드니?"
"국악기 소리와 다른 나라 악기소리와 어떻게 다르니?"

피아노에 내장되어 있는 여러 가지 악기 소리 음색 비교하기

국악기 소리 음색 비교하기

각각의 악기가 가진 소리의 음색을 탐색, 비교하기

소리의 성질 : 전달

주제 전개

- '현악 4중주' 공연 관람
- 소리 나는 도구
- '소리 연구소' 놀이
  - 소리의 생성 : 두드림, 문지름, 튕김, 긁음, 뜯음
  - 소리의 전달 : 진동과 공기
  - **소리의 성질 : 세기, 장단, 높낮이, 빠르기, 울림, 저장, 음색, 전달**
  - 소리의 이용 : 의사소통, 음악, 신호

소리의 전달 : 문을 닫아도 소리가 전달될까?

- 소리 전달에 방해를 하는 장해물에는 무엇이 있는지 알아보기 위해 여러 가지 실험하기

"문을 닫으면 말소리가 잘 들릴까?"
"문을 닫아도 소리를 전달할 수 있는 방법이 있을까?"
"실전화기는 닫힌 문 사이로 소리를 전달할 수 있을까?"

"문을 닫아도 소리가 전달될까?"

"문을 닫아도 실전화기는 소리를 전달할 수 있을까?"

장해물과 소리의 전달관계 실험

소리의 이용

주제 전개

'현악 4중주'
공연 관람

소리 나는 도구

'소리 연구소' 놀이

소리의 생성 :
두드림, 문지름, 튕김, 긁음, 뜯음

소리의 전달 :
진동과 공기

소리의 성질 :
세기, 장단, 높낮이, 빠르기, 울림, 저장, 음색, 전달

소리의 이용 :
의사소통, 음악, 신호

소리의 이용

예술(음악, 문학, 연극 등)

의사소통

신호(음향신호기 등)

- 소리를 전달해주는 매체는 전화기, 녹음기, 라디오, 텔레비전, MP3, 마이크와 스피커가 있음을 알게 되었고 유아들이 직접 사용해보며 어떻게 소리를 전달하는지 알아보았음
- 낙엽길을 산책하며 다양한 소리 녹음하기, 라디오 방송 듣기, 마이크로 이야기하기, 스피커로 소리 들어보기, 인터폰으로 다른 반 친구와 통화하기 등의 활동이 이루어졌으며 직접 알아볼 수 없는 매체인 텔레비전과 관련된 활동은 방송국 방문을 하였음

※ 또한 소리는 시각장애인을 위한 음향신호기, 자동차 경적소리 등 사회적 신호로써의 약속 기능으로 활용된다는 것을 알게 되었다.

아름다운 소리 : 동시

주제 전개

- '현악 4중주' 공연 관람
- 소리 나는 도구
- '소리 연구소' 놀이
  - 소리의 생성 : 두드림, 문지름, 튕김, 긁음, 뜯음
  - 소리의 전달 : 진동과 공기
  - 소리의 성질 : 세기, 장단, 높낮이, 빠르기, 울림, 저장, 음색, 전달
  - 소리의 이용 : 의사소통, 음악, 신호

동시 짓기 : 아름다운 소리

- 유아들은 소리에 대한 탐색과 탐구를 통해 소리의 아름다움에 대한 생각을 모아 동시를 지음

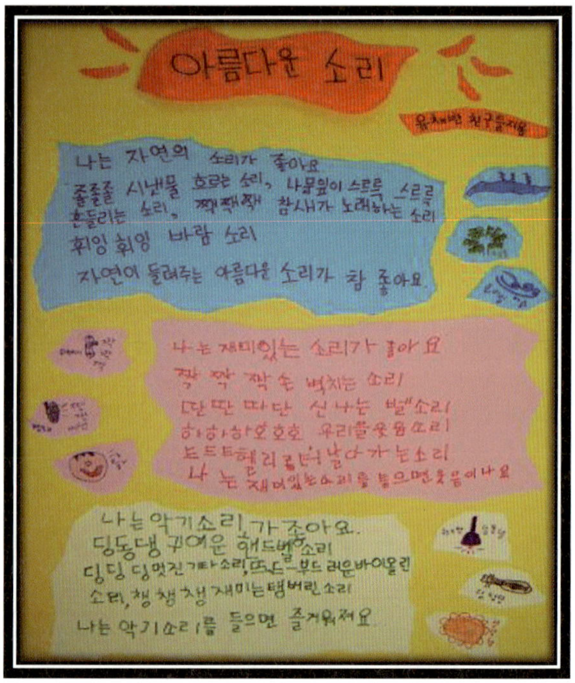

'아름다운 소리' 동시 짓기

'소리 전시회'를 하려면?

주제 마무리

- '소리 전시회'를 하려면? (전시회 계획하기)
- 전시회 준비하기
- 부모님 초대하기

↓

'소리' 전시회

전시회 계획하기

"전시회를 할 때 어떤 것을 가장 알리고 싶니?"
"전시회를 하려면 무엇이 필요할까?"

전시회 포스터 꾸미기

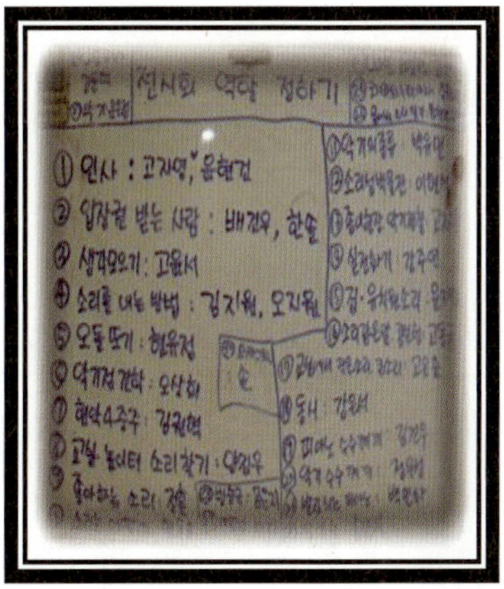

내가 있는 오케스트라 디오라마

'소리 전시회' 계획과 준비하기

- 동생반 친구들이 부모님을 초대하여 '아주 멋진 악기 콘서트'를 열었던 것을 기억하여 "우리도 엄마, 아빠를 초대해서 보여주고 싶어요!"라고 이야기 함
- 소리에 대해 알게 된 것을 소개하는 방식의 '전시회'를 열기로 결정하고 전시회 제목, 장소, 준비할 것 등을 의논하여 필요한 것과 역할을 정함

'소리' 전시회 준비

주제 마무리

- '소리 전시회'를 하려면? (전시회 계획하기)
- 전시회 준비하기
- 부모님 초대하기

↓

'소리' 전시회

전시회 준비하기

- 유아들은 '소리' 주제의 마무리로 부모님을 초대하기 위하여 전시회 준비를 함

비밀의 방

발로 치는 피아노와 실로폰의 합주

일일 아나운서 체험

소리 만드는 실험 코너

'소리 전시회' 계획과 준비하기

'소리' 전시회

주제 마무리

- '소리 전시회'를 하려면? (전시회 계획하기)
- 전시회 준비하기
- 부모님 초대하기
- '소리' 전시회

소리 전시회 엿보기

악기백과사전 살펴보기

소리관 실험하기

악기 수수께끼

'소리 연구소' 둘러보기

노래 불러 드리기

발로 치는 피아노

어떤 음일까요?

전시물 소개하기

아나운서가 된 우리 엄마

주제 전개 과정에서 실행된 주제 개념망

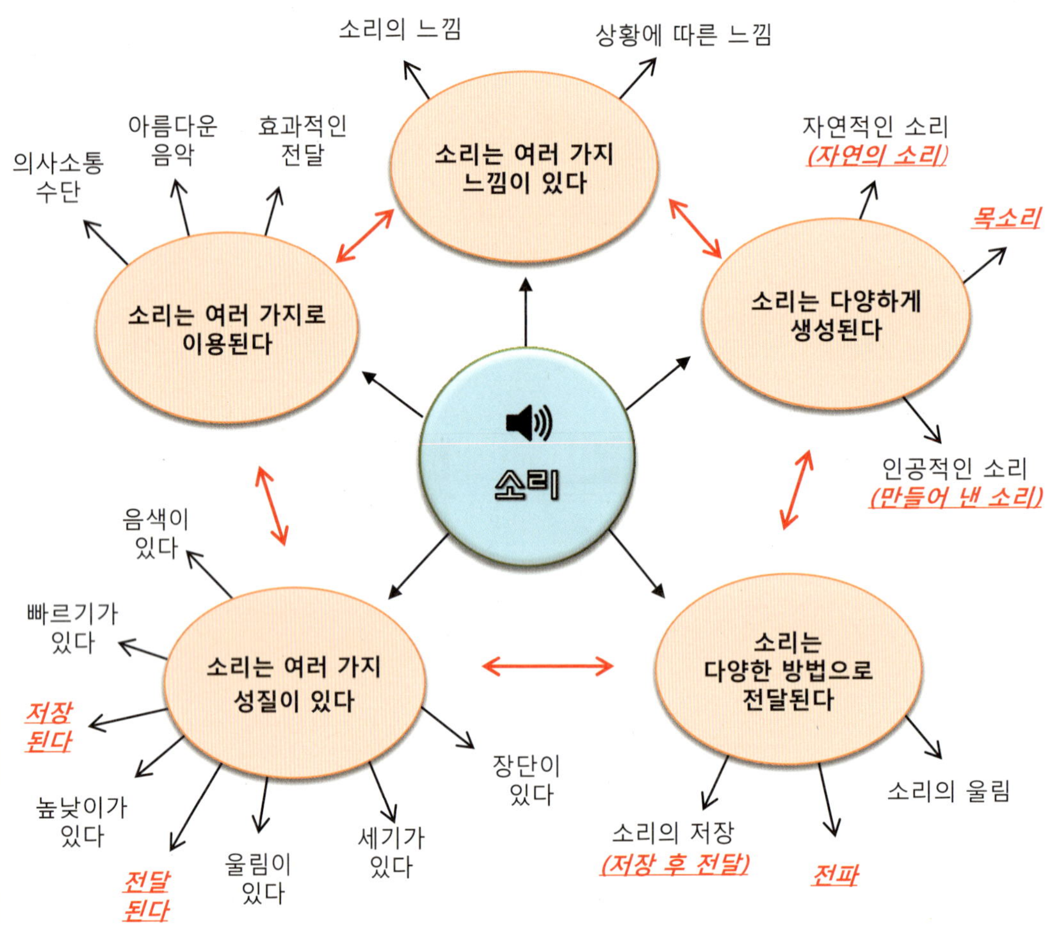

※ *적색의 밑줄 그은 이탤릭체* 표기는 주제 전개 과정에서 추가 확장·수정된 내용임

소리 주제 전개의 특징

구분	특징
관심 흥미	• 유아들의 관심과 흥미로 활동의 흐름이 결정됨 • 관련도서와 현장체험학습 등은 유아들의 관심과 흥미에 영향을 미침
활동 전개	• 궁금증 → 조사 및 탐구 → 현장체험 및 실험 → 해결책 도출 순으로 전개됨 • 다양한 매체의 활용과 표상활동이 활발히 이루어짐
심화 확장	• 소리 중 '소리의 전달'이라는 소주제에 특히 흥미를 보임 • 유아들은 조사에 의한 발견보다는 직접 실험 및 검증의 과정에 가치를 두어 활동이 심화 확장됨
의사 결정	• 또래는 아이디어 교환과 의사결정 과정에 중요한 파트너로서 동반자로 활동함
표상과 기록화	• 활동의 종류에 따라 다양한 기록화의 방법을 사용하게 됨 (노래 짓기, 동시 짓기, 사진 찍기, 그림으로 표상하기 등) • 유아들의 기록화 결과물이 주제의 흐름을 파악하는데 용이했음

소리 주제 관련 그림책 및 사이트

〈소리 관련 그림책〉

- 가을 숲 도토리 소리. 우종영 지금. 하영 그림. 파란 자전거.
- 개는 어째서 소리를 잘 들을까? 윤성은 지음. 신경란 그림. 한국가우스.
- 공기를 타고 달리는 소리. 이재윤 지음. 우주로 그림. 웅진주니어.
- 내게는 소리를 듣지 못하는 여동생이 있습니다. 진 화이트하우스 피터슨 글. 데보라 코간 레이 그림. 웅진주니어
- 무슨 소리지?. 장준영 글 · 그림. 책고래.
- 바람소리 물소리 자연을 닮은 우리 악기. 청동말굽 지음. 고광삼 그림. 문학동네 어린이.
- 세상에서 가장 좋은 소리. 박혜수 지음. 이재경 그림. 엔이키즈.
- 소리 산책. 폴 쇼워스 지음. 알리키 브란덴베르크 그림. 불광출판사.
- 소리가 보이니. 후지이 키요미 지음. 다카하시 에이코 그림. 장수하늘소.
- 소리가 움직여요. 김순한 지음. 설은영 그림. 웅진주니어.
- 소리가게로 오세요. 웅진싱크빅편집부 지음. 웅진싱크빅.
- 소리는 공기를 타고. 윤성은 지음. 김은경. 구현아 그림. 키움북스.
- 소리를 만들어요. 편집수 지음. 정현주 그림. 아이코리아.
- 시끌시끌 와글와글 소리를 들어봐. 서보현 지음. 전용진 그림. 이수.
- 우리 몸은 소리 상자. 권은경 지음. 조예정 그림. 기탄교.
- 우리 소리 우리 음악. 김명곤 지음. 이인숙 그림. 상수리.
- 우리 소리는 좋은 것이여. 송언 지음. 김세현 그림. 우리교육.
- 유아를 위한 음률악기 만들기. 최인숙. 이민경 지음. 교육과학사.
- 이 소리 들리니?. 캐럴라인 아널드 글. 캐시 트래콕 그림. 한국헤밍웨이
- 차은진의 유아노래극. 차은진 지음. 창지사.
- 쿵! 소리로 깨우는 과학. 안토니오 피셰티 지음. 마리옹 퓌에슈 그림. 다림.

- 타악기를 활용한 유아놀이 프로그램. 양근수 지음. 엠애드.
- 피아노 소리. 허은순 지음. 박은지 그림. 은나팔.
- 한스 아저씨는 소리가 싫대. 김유리 지음. 스마일북스
- Why? 빛과 소리. 조영선 지음. 이영호 그림. 예림당.

〈소리 관련 사이트〉

- 경주 오르골 박물관 http://www.gjorgel.com/
- 세계민속악기박물관 www.e-musictour.com
- 소리박물관 http://www.dimastudio.net/sori/
- 소리체험박물관 www.soundmuseum.kr
- 얼음골축음기소리박물관 epsmuseum.co.kr
- 참소리축음기 에디슨 과학 박물관 www.edison.kr
- 판소리 한 대목 부르기 http://pansori.gen.go.kr/
- 한국전통소리문화 www.koreamusic.org

저/자/소/개

■ **유흥옥**

중앙대학교 유아교육과/대학원 유아교육 전공(석 · 박사)

현) 제주국제대학교 유아교육과 교수

제주국제대학교 부속유치원 원장

〈저서 및 연구〉

- 유아교사론
- 유아를 위한 다문화교육
- 영유아의 언어 인지 사회 · 정서 발달 평가 도구(교육과학기술부/제주특별자치도교육청)
- 유치원 누리과정 내실화를 위한 유아 과학교육 프로그램 개발 "나는 어린이 과학자"(서울특별시 유아교육진흥원)
- 반성적 사고에 기초한 유치원교육 실습과 예비교사의 발달적 변화(박사학위논문)

■ **현장검토**

김은정(제주국제대학교 유아교육과 교수)

장봉춘(제주국제대학교 부속유치원 원감)

김승미(제주국제대학교 부속유치원 부장교사)

현진희(전 제주국제대학교 부속유치원 교사)

선미현(전 제주국제대학교 부속유치원 교사)

오진미(전 제주국제대학교 부속유치원 교사)

만 3, 4, 5세 유아를 위한 수준별 주제 탐구 활동

소 리 여 행

1판 1쇄 인쇄 — 2017년 2월 15일
1판 1쇄 발행 — 2017년 2월 20일

저　　자 - 유 흥 옥
발 행 인 - 강 철 원
발 행 처 - 양 성 원
주　　소 - 경기도 파주시 검산로 173번길 29-20
전　　화 - 031-946-3861(代)
팩　　스 - 031-946-3864
이 메 일 - tnwpub@naver.com
홈페이지 - tnwpub.co.kr
출판등록 - 2015년 8월 31일 제 2015-000211 호

ISBN 979-11-6126-014-3

정가 16,000원